Burger . Kredite

Kredite: Bankverhandlungen richtig führen

Empfehlungen eines Insiders

von
Ernst Burger

Haufe Mediengruppe
Freiburg · Berlin · München

Bibliografische Information Der Deutschen Nationalbibliothek

Die Deutsche Bibliothek verzeichnet diese Publikation in der Deutschen Nationalbibliographie; detaillierte bibliographische Daten sind im Internet über http://dnb.d-nb.de abrufbar.

ISBN: 978-3-648-00416-6 Bestell-Nr. 02068-0001

1. Auflage 2010

Redaktionsanschrift: Fraunhoferstraße 5, 82152 Planegg/München
Telefon: (089) 895 17-0
Telefax: (089) 895 17-290
www.haufe.de
online@haufe.de

Alle Erfahrungsberichte und Beispiele beruhen auf wahren Begebenheiten. Aus Datenschutzgründen sind die Angaben so verändert, dass ein Rückschluss auf den jeweiligen Einzelfall nicht möglich ist.

Projektleitung: Rechtsassessorin Elvira Plitt, München
Redaktion: Viola C. Didier, RES JURA, Stuttgart, www.resjura.de
Cartoons: Wolfgang Steinmeyer, 87448 Waltenhofen
Umschlag: Kienle gestaltet, Stuttgart
Druck: Schätzl Druck, 86609 Donauwörth

Zur Herstellung dieses Buches wurde alterungsbeständiges Papier verwendet.

Betriebsanleitung

Lieber Leserinnen und Leser,

die Hälfte meines bisherigen beruflichen Lebens bei drei verschiedenen Banken habe ich mit der Einschätzung von Risiken aus Unternehmenskrediten verbracht – die andere Hälfte mit der Beratung von Firmen. Dabei war ich immer mal wieder auf der einen oder anderen Seite tätig. Diese beiden Aufgabengebiete werden heute bei den meisten Banken als Markt (Vertrieb) und Marktfolge (Kreditabteilung) bezeichnet. Der Markt, verkörpert durch den Kundenbetreuer, ist für die Beratung und den Verkauf von Produkten zuständig. Die Marktfolge für die Analyse von Kreditanträgen und deren Genehmigung.

Diese beiden Pole sind von gegensätzlichen Interessenslagen geprägt. Zum einen gibt es den Vertriebler, den Kundenbetreuer. Er sitzt beim Unternehmer im Boot und möchte mit ihm gute Erträge erwirtschaften. Auf der anderen Seite steht die kritische Sicht des Analysten und Entscheiders über die Kreditanträge. Sein Ziel ist es, Risiken zu bewerten und Kreditverluste zu vermeiden. Die Kenntnis beider Welten möchte ich zu Ihrem Nutzen in dieses Buch einbringen.

Die Bankenwelt ist in einem dramatischen Umbruch. Für Firmenkredite bleibt das nicht ohne Konsequenz. Um bei Kreditverhandlungen erfolgreich bestehen zu können, sollten Sie wissen, wie ein Banker tickt. Ebenso wie Verhaltensscorings wirken. Welche Sicherheiten man nicht geben sollte und wie man Stolperfallen vermeidet. Wenn es Banksanktionen gibt, was steht zu befürchten?

Auf alle diese Fragen erhalten Sie Antworten. Bei wichtigen Themen finden Sie ein Extrakt unter „Fazit für Sie“. Eingestreut sind besondere „Empfehlungen eines Insiders“. Darin geht es um ungeschriebene Regeln und besonders vertrackte Stolperfallen, in die Sie besser nicht geraten sollten.

Auf Anglizismen und bankspezifische Ausdrücke habe ich weitgehend verzichtet. Ist ihre Verwendung für Sie wichtig, finden Sie entsprechende Erläuterungen. Im Interesse einer besseren Verständlichkeit sind komplexe Sachverhalte vereinfacht dargestellt.

Im Interesse der besseren Lesbarkeit ist zwar auf die gleichzeitige Verwendung femininer bzw. maskuliner Bezeichnungen verzichtet worden, natürlich sind aber stets sowohl Männer als auch Frauen gemeint.

An vielen Stellen werden Sie Ihr kritisches Urteil über Banken bestätigt finden. Bei verschiedenen Themen muss ich noch zusätzlich Öl ins Feuer schütten. Anderseits möchte ich das kritische Bild über Banker korrigieren. Im Firmenkundengeschäft der Banken arbeiten Menschen, die eine gute Arbeit leisten. Banker, die keine Bonuszahlungen in Millionenhöhe erhalten. Mitarbeiter, die im Vertrieb unter höchstem Verkaufsdruck stehen. Sind die Banker dagegen auf der Risikoseite, machen sie alles falsch: Geben sie keinen Kredit, sind sie Angsthasen und ursächlich für die drohende Kreditklemme. Geben sie Kredit und es läuft schief, sind sie inkompetent und fehl am Platz.

Den höchsten Nutzen ziehen Sie aus dem Buch, wenn Sie es von vorne nach hinten lesen. Sie können die Kapitel auch in unterschiedlicher Reihenfolge lesen, da sie inhaltlich nicht unmittelbar miteinander verknüpft sind. Dabei werden Sie die eine oder andere Wiederholung finden, weil ohne sie das einzelne Kapitel nicht verständlich wäre.

Ich hoffe sehr, Sie finden viele hilfreiche Empfehlungen und können gelegentlich auch schmunzeln. Die Cartoons von Wolfgang Steinmeyer, dem ich für seine beschwingten Illustrationen danke, sollen dazu beitragen. Denn bei allem Ernst des Themas – ein gewisses Maß an spannungslösendem Humor darf bei schwierigen Gesprächen nicht fehlen. In diesem Sinne wünsche ich Ihnen bei Ihren Kreditverhandlungen viel Erfolg.

Möchten Sie mir Ihre Meinung, Ihre Anregungen oder Ihre Kritik mitteilen oder mit mir in Kontakt treten, schreiben Sie bitte an folgende E-Mail-Adresse: buch@buero360.co

Inhalt

Banken auf brüchigem Fundament – welche Konsequenzen hat das für Sie?

Veränderungen in der Bankenbranche – bedrohen sie Ihre Firma?

Um bei Bankverhandlungen erfolgreich zu sein, ist eine gute Vorbereitung erforderlich. Neben den rein fachlichen Themen sollten Sie sich auch zu der Einordnung Ihres Kreditinstitutes innerhalb der Bankbranche Gedanken machen. Wird Ihre Bank bei den anstehenden Veränderungen eher eine gestaltende Rolle spielen oder eine defensive? Zieht sie sich womöglich ganz vom Markt zurück oder kommt sie unter die Räder? Die wenigsten Kunden befassen sich gerne mit dieser für sie undurchsichtigen Branche, die unserer Volkswirtschaft gewaltige Probleme bereitet. Firmen und private Kunden haben kein großes Vertrauen mehr. In einer Umfrage der Nürnberger Marktforscher GfK hieß es: Nur noch 17 Prozent der Verbraucher würden Kreditinstituten grundsätzlich vertrauen. Verwundert es, dass mich ein Geschäftspartner kürzlich witzelnd fragte: „Kennen Sie den Unterschied zwischen Terroristen und Bankern? Ganz einfach: Ein Terrorist hat Sympathisanten." Das spricht Bände über den gewaltigen Reputationsverlust dieses früher sehr angesehenen Berufsstandes.

Mit dieser Einführung in die Bankbranche möchte ich Ihnen die nachfolgenden Bausteine für Ihre zukünftigen Verhandlungen verständlich machen. Sie werden auch ein Gefühl dafür bekommen, was Sie erwartet, wo Entwicklungen gefährlich werden können und wie Sie sich am Besten darauf einstellen.

Deutschland ist ein sehr dicht besetzter Bankenmarkt. Der Insider sagt, Deutschland ist *overbanked*. Dies bedeutet, es gibt eigentlich zu viele Institute und Filialen vor Ort. Das war zunächst angenehm für Firmen- wie Privatkunden, weil die hohe Wettbewerbsintensität für günstige Kundenkonditionen gesorgt hat. Durch Auslandsbanken auf dem deutschen Markt, die sich bevorzugt die Rosinen herauspickten, wurde die Wettbewerbssituation verschärft. Die fachkundigen Beobachter waren sich seit Jahren darüber einig, dass der Markt konsolidiert werden muss. Börsenanalysten taten ihr Bestes, um Fusionen herbeizureden. Aber zunächst passierte nichts.

Die Ausgangslage war und ist allerdings besonders schwierig, da es auf dem deutschen Markt eine Besonderheit gibt. Es geht um die so genannte Drei-Säulen-Struktur. Wir haben innerhalb des Bankenbereichs drei konkurrierende Segmente. Einerseits die Privatbanken wie Commerzbank, Deutsche Bank, Postbank, UniCredit (früher Hypovereinsbank) und bis vor kurzem noch die Dresdner Bank sowie weitere eher kleinere Institute. Sie sind in der Hand von privaten Aktionären, oder haben – im Falle der Commerzbank – zusätzlich den Staat als wesentlichen Anteilseigner. Dann gibt es den genossenschaftlichen Bereich mit den Volks- und Raiffeisenbanken, die überwiegend lokal oder regional tätig sind. Bei der dritten Säule geht es um den so genannten öffentlich-rechtlichen Bereich, nämlich die Sparkassen mit ihren Dachorganisationen, den Landesbanken.

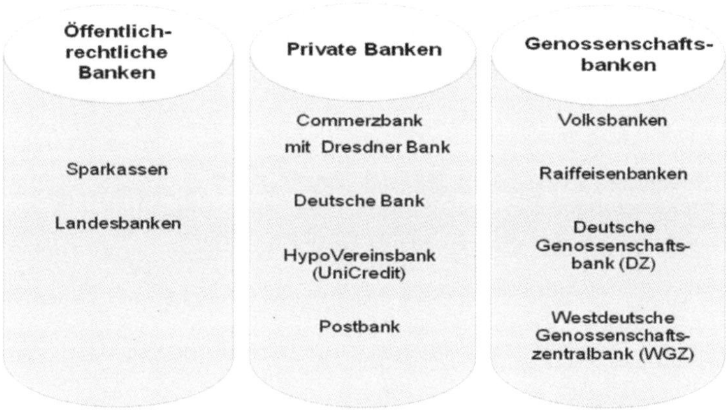

Bankenstruktur in Deutschland

Mit dem öffentlich-rechtlichen Segment hat es eine besondere Bewandtnis. Die Sparkassen und Landesbanken genossen lange Zeit ein Haftungsprivileg seitens der öffentlich-rechtlichen Hand, die so genannte Gewährträgerhaftung. Die Städte und Kreise bei den Sparkassen und vor allem die Bundesländer bei den Landesbanken hafteten unbeschränkt für diese Institute. Es ist natürlich leicht, Bankgeschäfte zu betreiben und zu wissen, dass die öffentliche Hand für alles das Risiko übernimmt. Diese Garantie fand stets den Gefallen der Ratinggesellschaften, weshalb Landesbanken immer ein besonders gutes Rating erhielten. Dies wiederum half den Landesbanken bei einer günstigen Geldbeschaffung. Ein lukrativer Wettbewerbsvorteil. Da die Sparkassen und Landesbanken zudem nicht dem Druck der Aktionäre mit hohen Dividendenerwartungen ausgesetzt waren, ergab sich eine komfortable Situation. Komfortzonen sind jedoch gefährlich, es sticht schon mal der Hafer. Der Druck, kostengünstig zu arbeiten und auf Risiken zu achten ist somit nicht ausgeprägt.

Die Bevorzugung im Wettbewerb war nicht nur den konkurrierenden Instituten, sondern auch der EU ein Dorn im Auge. Dies führte schließlich zu einem Wegfall der Haftung. Und nun kommts: Kurz vor Wegfall der öffentlich-rechtlichen Rückendeckung nutzten die Landesbanken die Sternstunde und saugten sich noch einmal richtig mit Geld voll. Das alte Rating half dabei. Aber wohin mit dem vielen Geld? Es sollte ja eine ordentliche Rendite herausspringen. Diese versprachen die strukturierten Wertpapiere im US-Subprime-Markt. Dort tappten insbesondere viele der Landesbanken mit gigantischen Beträgen in die Falle. Das Ergebnis ist bekannt. Es kam die Finanzkrise, die in Deutschland mit der IKB Schieflage eröffnet wurde und mit der Lehmann-Pleite am 15. September 2008 ihren vorläufigen Höhepunkt fand. Die meisten Landesbanken befinden sich zwischenzeitlich in einem bedauernswerten Zustand und die öffentliche Hand muss mit Milliardensummen herhalten. Für diese „Altgeschäfte" galt nämlich noch die Gewährträgerhaftung.

Die Chance, in Deutschland die Drei-Säulen-Struktur aufzubrechen, den Markt aus einer Position der Stärke zu konsolidieren und international wettbewerbsfähiger zu machen, scheint vertan. Unsere Banken sind, bedingt durch die Finanzkrise, nur noch ein Schatten ihrer selbst. Manche Banken haben kein funktionierendes Geschäftsmodell, dies bedeutet, sie haben keine Vorstellung, wo sie mit welchen Kunden Geld verdienen könnten. Anders herum: Sie haben sich in der Vergangenheit nicht um Kunden gekümmert, sondern auf Geschäfte gesetzt, die vom Strudel der Finanz- und Wirtschaftskrise nach unten gerissen wurden.

Unmittelbar vor der Krise brach in der Säule der Privatbanken das lang ersehnte Fusionsfieber aus. Die Citibank ging an eine französische Bankengruppe und heißt, da der Name nicht mehr so rühmlich war, jetzt Targobank. Die Deutsche Bank gewann das Bieterrennen um die Postbank, wo sie zunächst mit einer Beteiligung einstieg. In der Bieterschlacht um die Dresdner Bank war selbst China im Rennen. Der Pyrrhussieg ging an die Commerzbank. Die Tinte des Übernahmevertrages zwischen Dresdner und Commerzbank war noch nicht trocken, da schlug die Finanzkrise mit der Lehmann-Pleite voll zu. Unsere Volkswirtschaft stand am Abgrund. Die Commerzbank musste sich finanzielle Rückendeckung vom Staat holen. Mit schlechten Nachrichten ging es weiter. Die KfW geisterte mit der Schlagzeile „die dümmste Bank Deutschlands“ zu sein durch die Medien. Die IKB, über Jahre eine tragende Säule in der Mittelstandsfinanzierung, landete beim amerikanischen Abwicklungsprofi Lonestar. Eine Art Zerschlagungsexperte und Resteverwerter. Das alteingesessene Privatbankhaus Oppenheim hatte ebenfalls solides Terrain verlassen und fand letzte Rettung unter dem Dach der Deutschen Bank.

Bei den Landesbanken gab es teilweise gewaltigen Schieflagen. Die Staatsanwälte gehen zwischenzeitlich ein und aus. Die Landesbanken HSH (Freie und Hansestadt Hamburg), WestLB (Land Nordrhein-Westfalen), LBBW (Land Baden-Württemberg) und BayernLB (Land Bayern) stehen unter massivem Druck der EU. Die Bilanzsummen müssen drastisch abgebaut werden. Auslandsstützpunkte, die eigentlich dem Mittelstand vor Ort Unterstützung gewähren sollten, werden reihenweise geschlossen. Erschwerend kommt hinzu, es sind weder funktionierende Geschäftsmodelle noch Kaufinteressenten für diese Banken in Sicht.

Die Auslandsbanken beackerten vor der Krise massiv den deutschen Markt. Sie waren zwar vor allem auf Großunternehmen, den gehobenen Mittelstand und Spezialgeschäfte fokussiert, ihr massiver Rückzug tut dennoch weh. Ihre Geschäftsanteile müssen nämlich vom deutschen Bankensystem geschultert werden. In einer Zeit, in der die deutschen Institute selbst unter Eigenkapital- und Ertragsproblemen leiden, ein schwieriges Unterfangen.

Die bevorstehenden Veränderungsprozesse betreffen nicht nur die Großbanken und Landesbanken. Auch bei Sparkassen sowie Volks- und Raiffeisenbanken gab und gibt es weitere Fusionen und Übernahmen. Dies kann dazu führen, dass ein Unternehmen über Nacht statt zwei Hausbanken nur noch eine hat und sich die Risiken für das verbleibende Institut plötzlich addieren.

Was bedeuten diese turbulenten Geschehnisse in allen drei Sektoren der Bankenbranche für den Unternehmer? Die Gefahr ist groß, dass die Interessen der Unternehmerschaft bei den anstehenden Veränderungen an den Rand geraten. EU-Auflagen zwingen Banken in einem schwierigen Umfeld zu deutlichen Bilanzsummen-

Reduzierungen. Was bedeutet das? Abbau von Geschäft, Verkauf von Beteiligungen, Rückzug von Auslandsaktivitäten, Aufgabe von Geschäftsfeldern. Veränderungen sind an der Tagesordnung. Anpassung von Strukturen bei übernommenen Banken, Personalabbau, ständig neue Top-Manager, neue Einteilungen bei den Kundensegmenten, neue Geschäftsmodelle und laufend neue Kundenbetreuer. Störfeuer durch staatsanwaltschaftliche Ermittlungen, die zu Recht Manager am Wickel packen, andererseits aber Bank und Mitarbeiter ängstigen und lähmen. Alles ist in Bewegung.

Die zeitgleich stattfindenden massiven Umstrukturierungen in allen drei Bankgruppen und die damit verbundenen personellen Veränderungen sind ein ernst zu nehmender Risikofaktor für Unternehmen. Ich gehe noch weiter und sage, es handelt sich um eine direkte Bedrohung für Sie als Unternehmer, wenn Ihre Bank von den Veränderungen betroffen ist und Sie dem kleinen und mittleren Mittelstand angehören. Wie komme ich zu dieser Auffassung?

- Sie landen wahrscheinlich in einem neuen Kundenraster, das heißt in einem schlechteren Kundensegment.

- Sie bekommen vermutlich einen neuen Kundenbetreuer, der Sie nicht seit Jahren kennt.

- Die Chefs der Kundenbetreuer bekommen eine noch kürzere Halbwertzeit.

- Ihre Bonität wird einer neuen Risikoeinschätzung durch einen Analysten unterzogen, der Sie vermutlich nicht aus guten Zeiten kennt.

- Als kleinerer Kunde wird über Ihren Kredit von einem System entschieden. Ihr Kundenbetreuer hat kaum einen Handlungsspielraum.

- Sie befinden sich womöglich in einem Geschäftsfeld, welches verkauft wird.

- Für Ihr Auslandsgeschäft stehen Ihnen nur noch ganz wenige deutsche Banken zur Verfügung. Landesbanken ziehen sich – EU-Auflagen bedingt – aus Auslandsmärkten zurück.
- Die Banken werden verstärkt Systeme zur weiteren Kosteneinsparung einführen und noch mehr Aufgaben auslagern (Outsourcing). Sie werden Wirkungsweise und Arbeitsteiligkeit der zunehmend systemgesteuerten Banken kaum noch verstehen. Wahrscheinlich kann es Ihnen auch Ihr Banker kaum noch erklären.
- In der Risikobewertung wird das Verhaltensscoring noch stärker auf Ihr Unternehmen wirken. Wie im Detail, wird Ihnen verborgen bleiben.
- Fusioniert eine Bank mit einer anderen – hier steht auch im Genossenschafts- und Sparkassenbereich noch einiges bevor – gibt es eine neue Situation. Dies kann Ihre langjährig bewährte Kredit- und Sicherheitenkonzeption über den Haufen werfen.

Fazit für Sie

Die Unternehmer konnten sich die letzten Jahre in Sicherheit wiegen. Sie wurden von Banken aus dem In- und Ausland hofiert. Sie konnten sich Kredite aussuchen und die Konditionen diktieren. Diese Sicherheit ist passé. Der Doppelschlag, die Finanzkrise, welche die Bankbranche in ihren Grundfesten erschütterte, dann die Weltwirtschaftskrise, die den Mittelstand bis ins Mark traf, hat alles obsolet gemacht. Nichts ist mehr wie es vorher einmal war. Die Banken an sich, die Struktur der Bankverbindungen eines Unternehmens wie auch die stabile Versorgung einer Firma mit Krediten sind Risikofaktoren für den Unternehmer geworden. Risiken, die wesentlich höher als bisher gewichtet werden müssen. Von daher meine Empfehlung an Sie:

Betrachten und bewerten Sie Ihre Bankverbindungen regelmäßig unter dem Aspekt, welche Risiken sich daraus für Sie und Ihr Unternehmen ergeben können. Risiken infolge der Veränderungen in der Bankbranche, der Geschäftsmodelle der Banken, Änderungen der Gesprächspartner etc. Sichern Sie sich im Interesse Ihrer Unabhängigkeit Liquidität für einen längeren Zeitraum.
Vermeiden Sie Abhängigkeiten. Pflegen Sie als Unternehmer ein

enges Verhältnis zu Ihren Hausbanken, ohne sich aber in ein Abhängigkeitsverhältnis zu bringen. Durch den Hausbankenstatus sind Sie für die Bank je nach Unternehmensgröße ein wichtiger Geschäftspartner, mit dem stabile Erträge erwirtschaftet werden. Einem solchen Kunden wird auch in schwierigen Zeiten Unterstützung durch die Bank zuteil werden. Dass es dennoch bei Konditionen und Risikobereitschaft zu angespannten Verhandlungen mit der (Haus-) Bank kommen kann, sollte dabei aber nicht unter den Teppich gekehrt werden. Auch deshalb gilt: Immer noch einen Plan B in der Schublade bereithalten!

Erfahrungsbericht

Nach jahrzehntelanger Beobachtung bei verschiedenen Kreditinstituten lässt sich Folgendes sagen: Manager der ersten und zweiten Ebene erreichen den Ruhestand selten in allen Ehren. Ich muss krampfhaft in Erinnerungen wühlen, um mich wenigstens an einige ehrenhaft durchgeführte Frühpensionierungen zu erinnern. Der Großteil der Manager wurde hinausgedrängt, hinausgeekelt, hinausgeworfen, oder sie ergriffen selbst die Flucht. Letzteres auch, um nicht von den Folgen ihres eigenen Fehlverhaltens eingeholt zu werden.

Deshalb die dringende Empfehlung, auch wenn der Gesprächspartner Ihres Unternehmens auf einer hohen Hierarchie-Ebene angesiedelt ist: Sehen Sie zu, auch links und rechts von ihm und möglichst auch auf der Ebene darüber und darunter persönliche Beziehungen zu pflegen. Häufig werden die Top-Kreditengagements von Managern, die abrupt das Weite suchen (müssen), danach einer besonders kritischen Prüfung unterzogen. Gerne wird zudem die hausinterne Revision auf diese Fälle angesetzt. Wenn Sie dann keine gut gepflegten Beziehungen zur Bank haben, stehen Sie womöglich aufgrund einer neuen Risikobewertung Ihrer Kredite schnell vor einer Wand.

Sie und Ihre Bank – in welches Raster fallen Sie?

Ein wichtiger Auslöser für die Unzufriedenheit von kleinen und mittleren Unternehmenskunden mit den Banken ist die Einteilung der Kunden in Segmente. Wie die Industrie ihre Kunden in A-B-C-Segmente einteilt, also in attraktive, durchschnittliche und solche Kunden, die weniger Ertrag machen oder Potenzial haben, so machen es auch die Banken. Bei den Banken läuft es ähnlich arbeitsteilig wie in der Fließbandfertigung in Fabriken. Daneben gibt es die Sonder- oder Einzelfertigung. Maßstab im Bankgeschäft ist die Frage, was an dem Kunden verdient wird oder welches Potenzial er vermuten lässt. Daher die naheliegende Schlussfolgerung: Je größer ein Unternehmen, desto ertragreicher eine Geschäftsverbindung für die Bank – je kleiner, desto mehr die Tendenz zur Masse. Dies bedeutet: Einzelfertigung beim Großkunden und Fließbandproduktion in möglichst großen Stückzahlen im Massengeschäft für kleine Unternehmen / Kunden.

Beispiel für eine Kundensegmentierung

Selbstständige / Gewerbetreibende	Ärzte, Anwälte, Berater, Handelsvertreter, Steuerberater / Wirtschaftsprüfer
Geschäftskunden	Handwerksbetriebe, kleine GmbH
Kleinere Firmenkunden	bis 10 Mio € Umsatz
Mittlere Firmenkunden	10-100 Mio € Umsatz
Große Firmenkunden	100-500 Mio € Umsatz
Großkunden	ab 500 Mio € Umsatz
Konzernkunden	BASF, BMW, Siemens, VW etc.

Sonder- oder Einzelfertigung ist teurer als „Massenfertigung“. Was bedeutet das für die Praxis? Alle Banken haben Kundensegmente eingeführt, die der Sonder-, Einzel- oder Massenfertigung entsprechen. Analog wird die Kundschaft mit maßgeschneiderten zielgruppengerechten oder standardisierten Lösungen bedient. Das gilt auch für die Gesprächspartner, also die Kundenbetreuer. In der Maßanfertigung betreut ein Kundenbetreuer beispielsweise zehn Kunden; in der Individualkundenbetreuung dreißig bis einhundert und im Standardbereich ein- bis dreihundert oder mehr Kunden. Während der Kundenbetreuer in der Maßanfertigung von vielen bankinternen Beratungs-Spezialisten (z.B. für das Auslandsgeschäft) unterstützt wird, finden sich in der Individualbetreuung schon mehr standardisierte, allerdings noch breitgefächerte Produkte.

In der Massenfertigung gibt es dann nur noch wenige und ausschließlich genormte Produkte von der Stange. Der Kundenbetreuer hat keine oder kaum noch Unterstützung von Spezialisten. Sein Arbeitsalltag ist geprägt von der schieren Menge an Kunden. Sein Ziel ist es, möglichst viele (passende) Produkte möglichst schnell an den Kunden zu bringen. Hier können Sie jegliche Individualität vergessen. Es gibt nur Lösungen, die ins Raster passen.

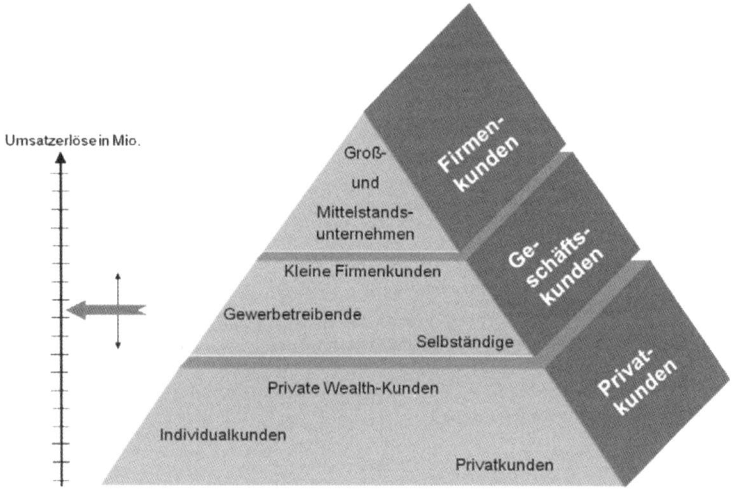

Kundensegmente

Denken Sie zum Vergleich an eine Hühnerfarm. Dort kann das Huhn nicht von Hand gefüttert und versorgt werden. Auf einem Bauernhof hingegen mit zehn Hennen kennt der Bauer eine jede mit Namen (der Gockel vermutlich auch) und weiß um ihre Gesundheit wie auch ihre Legeleistung.

Fazit für Sie

Sie haben eine Firma. Sie haben auch ein Konto für die Firma. Damit sind Sie aber nicht immer ein Firmenkunde bei Ihrer Bank. Je größer ein Unternehmen ist, desto mehr kann die Bank mit Krediten, Zahlungsverkehr und Auslandsgeschäft verdienen. Die meisten Banken fühlen sich deshalb erst bei Unternehmen mit Umsatzerlösen von mindestens 10 Millionen und mehr einigermaßen wohl. Je weiter Sie mit Ihrer Firma unter dieser Größenordnung liegen, umso mehr entspricht Ihr Kundenstatus wahrscheinlich dem eines „Massenkunden". Dies gilt für die angebotenen Produkte, die Lösungen von der Stange sind, wie für die Beratungsqualität. Wo Firmenkonto drauf steht, muss nicht Firmenkunde drin sein. Es kann sich auch ein Geschäfts- oder Gewerbekunde dahinter verbergen. Die Banker kennen feine sprachliche Differenzierungen.

Die Banken sprechen nicht gerne über die Segmentierung. Die Einstufung bleibt oft im Dunkeln. Es ist auch nicht angenehm, dem Kunden zu gestehen: „Sie gehören bei uns zur Legebatterie. Bei uns gibt es Standardfutter und 08/15 Medikation. Alles, was hier interessiert, ist Ihre Legeleistung. Erwarten Sie keine Individualität."

Worin liegt die Ursache für diese Sprachlosigkeit der Banken? Die Deutsche Bank versuchte sich 1999 als Vorreiter und gliederte den gesamten ertragsschwachen Bereich Privat- und Geschäftskunden aus und brachte das neue Segment in die Deutsche Bank 24 ein. Die vermögenden Kunden blieben von der Ausgliederung verschont. Die „Massenkundschaft" dagegen fand sich ohne eigenes Zutun in einer „Bank zweiter Klasse" wieder, sozusagen einer Bankfabrik. Den betroffenen Kunden wurde durch diese Umgliederung wider Willen ihre Wertigkeit, das heißt Zweitklassigkeit, mehr als deutlich gemacht.

Von den Medien wurde dies als Arroganz gegeißelt. Es brachte der Bank einen gehörigen Imageverlust. Der Deutsche Bank Konzern hat später die Strategie gewechselt und das zwischenzeitlich lukrativere Segment deutlich aufgewertet. Dennoch ist die Bankbranche, in der es an Strategiewechseln nicht mangelt, beim Thema Kundensegmentierung ein Stück weit traumatisiert. Das ist der Hintergrund, weshalb bei den meisten Instituten die Segmentveränderungen, die natürlich nach wie vor stattfinden, möglichst still und leise vollzogen werden.

Für Unternehmer stellen sich damit die Fragen: Wann bin ich als Handwerker, Einzelhändler, Dienstleister, Anwalt oder Wirtschaftsprüfer/Steuerberater ein Geschäftskunde, ein kleiner oder großer Firmenkunde? Wo finde ich klare Segmentierungskriterien wie Umsätze, Mitarbeiterzahl, Branche oder Kredithöhe? Kann ich als Existenzgründer Firmenkunde sein? Bin ich als Existenzgründer mit hohem Beratungsaufwand überhaupt erwünscht?

Machen Sie sich auf ein schwieriges Terrain gefasst. Selbst dem Profi fällt es außerordentlich schwer, anhand von Broschüren und Internetauftritten die Kriterien herauszubekommen. Dies umso mehr, als die Segmentierungsgrenzen auch bankintern fließend sind. Nicht selten wird zwischen den Kundenbetreuern gestritten, wenn ein attraktiv gewordener Kunde in ein „besseres" Segment abgegeben werden soll. So hat der bisherige Betreuer gute Arbeit geleistet, den Kunden – wie es in der Bankersprache heißt – „entwickelt", also für die Bank profitabler gemacht. Oder aber die Umsätze des Unternehmens sind erfreulicherweise in das bessere Kundensegment hineingewachsen. Dann setzt sich ein neuer Betreuer selbstverständlich gerne ins gemachte Nest und der Kunde bekommt – kaum hat er sich an einen Gesprächspartner in der Bank gewöhnt –

ein neues Gesicht vorgesetzt. Wenigstens profitiert der Unternehmer von einem besseren Kundensegment.

Doch was können Sie als zwischen den Banken und den Kundensegmentfronten aufgeriebener Unternehmer tun? Sie müssen von sich aus aktiv werden, um Ihr Kundensegment in Erfahrung zu bringen. Ihr Segment bestimmt Ihren Produktzugang, das Konditionsniveau, die Qualität und die zeitliche Kapazität Ihrer Verhandlungspartner. Ein unteres Kundensegment mag durchaus für Sie geeignet sein. Wenn Ihre Bankbedürfnisse mit standardisierten Produkten befriedigt werden können, umso besser. Wenn Sie einen höheren Beratungsbedarf haben und mehr Individualität benötigen, kann es aber in Ihrem Interesse sein, in ein anderes Segment zu kommen. Bringen Sie die Kriterien dafür in Erfahrung. Leider differieren die Segmentdefinitionen von Bank zu Bank. Fragen Sie Ihren Kundenbetreuer ganz offen, in welchem Segment Sie sich befinden. Sehen Sie sich die Ihnen angebotenen Produkte näher an. Auch daraus lassen sich Erkenntnisse ableiten. Ebenso aus der Flexibilität bei der Kreditvertragsgestaltung. Hilfreich ist auch ein Blick auf die Homepage oder in den Geschäftsbericht der Bank, um die Segmentierungsthematik etwas aufzuhellen.

Wenn Sie zu dem Ergebnis kommen, ein Wechsel in ein besseres Segment könnte sich für Sie lohnen, lassen Sie sich erklären, was dafür zu tun ist. Vielleicht müssen Sie mehr Geschäft bei der Bank bündeln, um in eine andere Kategorie zu kommen. Bedenken Sie aber, Ihr aktueller Betreuer verfolgt womöglich ein Eigeninteresse. Er verliert Sie ungern als Kunde aus seinem Bestand. Er muss die Lücke, die Sie reißen, füllen.

Fazit für Sie

Bleiben Sie in einer unteren Kundensegmentschublade, müssen Sie bedenken, dass Ihr Kundenbetreuer von allen Hunden gehetzt wird, der arme Kerl. Er hat eine sehr hohe Anzahl von Kunden zu begleiten. Er wird wenig Zeit für Sie haben und kann Sie nicht mit maßgeschneiderten Lösungen bedienen. Sie werden sich mit Konfektionslösungen begnügen müssen, das gilt auch für Zinsen und Gebühren.

Erfahrungsbericht

Eine langjährige Geschäftsbeziehung mit einer Bank schützt nicht vor falscher Kundensegmentierung.

Über zehn Jahre war ich ein höchst zufriedener Kunde mit Immobilienfinanzierungen einer großen Regionalbank. Als diese von einer anderen großen Regionalbank übernommen wurde, hochtrabend als merger of equals bezeichnet, änderte sich der Betreuer, die Servicequalität stürzte ins Bodenlose. Meine Vorgänge wurden von drei unterschiedlichen, über das ganze Bundesgebiet verteilten Stellen der Bank bearbeitet.

Auch die Risikoeinschätzung zu den schon Jahre problemlos laufenden Finanzierungen schien sich nachhaltig zu verschlechtern. Obwohl ich Zins- und Tilgungsleistungen ordnungsgemäß erbrachte, veränderte sich der Ton in der Korrespondenz der Bank. Ich fühlte mich nicht mehr wie ein geschätzter Kunde, sondern als lästiger Störer. Für einmal monatlich vorkommende, tageweise, Überziehungen auf dem Girokonto von unter 1.000 Euro wurden zweistellige Überziehungszinsen abgerechnet. Meine Reklamationen dazu nicht beantwortet. Als dann eine Lastschrift über 240 Euro unbezahlt an den Einreicher zurückgegeben wurde, beschwerte ich mich schriftlich beim Vorstand.

Beim Gütetermin saßen mir drei Gesprächspartner gegenüber. Sie meinten entschuldigend, ich sei irrtümlich im falschen Kundensegment eingeordnet gewesen. Das sei zwischenzeitlich korrigiert, ich bekäme einen neuen Betreuer. Es würde auch ein kleiner Dispositionskredit eingeräumt werden, damit keine Überziehungszinsen anfallen. Um Nägel mit Köpfen zu machen, schlug man mir unter höchst fachkundiger Beratung einer Zinsexpertin den Abschluss eines Zinscaps vor. Das ist eine Versicherung gegen steigende Zinsen.

Anhand dieses Beispiels lässt sich wunderbar der Kundensegment-Mechanismus illustrieren:

- Kundensegment verbessert (bringt Frieden in der Kunden-Bank-Beziehung)
- Beratungsquantität erhöht (drei Gesprächspartner)
- Beratungsqualität verbessert (Zinsexpertin)
- Zinsaufwand gesenkt (durch Dispokrediteinräumung)
- Produktzugang ermöglicht (Zinscap)

P.S.: Wie ist die Sache ausgegangen? Ich konnte mich wegen der Kosten nicht zum Abschluss eines Zinscaps entschließen. Nach einigen Monaten rutschte ich wieder in das alte Segment. Dies vermutlich mangels Nutzung innovativer und für die Bank lukrativer Produkte. Ich musste wieder zweistellige Überziehungszinsen zahlen, die Berater änderten sich erneut und ein Callcenter versuchte mir die Vorteile eines Bausparvertrages zu erklären. Ich resignierte und beendete die Geschäftsbeziehung.

Die Moral von der Geschichte: Auch ein Banker kann sich hilflos im Unterholz der Kundensegmentierung verheddern.

Blind Date – wie tickt der Banker?

Wenn Sie heute mit einem Kundenbetreuer in Kontakt kommen, weiß er zunächst nicht, ob Sie mit Ihrem Unternehmen überhaupt interessant für ihn sind. Das hat nichts mit Ihnen persönlich oder Ihrer Firma zu tun. Es liegt auch nicht an seiner Arroganz. Es liegt an der Bank, die gewisse Vorstellungen hat. Entscheidend sind die Größenordnung, die Branche oder das Potenzial in der geschäftlichen Zusammenarbeit des Unternehmens: In welchem internen Organisationskästchen, also in welchem Kundensegment der Bank soll ein Unternehmen seinen Platz finden? Das macht es für den Unternehmer so kompliziert, die richtige Bank zu finden.

Beim ersten Gespräch mit einem Banker läuft in dessen Hinterkopf ein Scanner, der Ihr Kundenprofil analysiert. Von daher sollten Sie wissen, was ihn interessiert, damit Sie sich im Gespräch gleich richtig positionieren können.

- Ihre Branche

  Bewegen Sie sich in der Branche Bau, gewerbliche Immobilien, Automobilhandel oder Projektgeschäft, wird das Interesse Ihres Gesprächspartners vermutlich schnell nachlassen. Dies sind Branchen, an welchen die wenigsten Banken ernsthaftes Interesse an Neugeschäft haben. Der Insider spricht von der roten Ampelstellung.

  Fast jede Bank hat Branchensegmente, in denen sie grundsätzlich keine Geschäfte macht. Die Branche ist nicht Gegenstand des Geschäftsmodells. Insofern gibt es dort auch kein Expertenwissen und das Kreditinstitut könnte die Risiken nicht richtig beurteilen. Deshalb lässt es ganz zu Recht die Finger davon.

  Es kann aber auch sein, dass die Bank schon genügend Risiken einer Branche in ihrer Bilanz hat, z.B. in der Biotechnologie. Unter dem Aspekt der Risikostreuung – der Experte spricht von Risikodiversifizierung – will man keine weiteren Risiken eingehen, somit keine neuen Kredite machen. Die Bank hat keinen Risikoappetit, sagen Insider. Das kann im Extremfall dazu führen, dass ein Unternehmen, obwohl es eine gute Bonität hat, in der Tat keinen Kredit von dieser Bank bekommt. Der Insider sagt: „Unser Portfolio ist dicht."

- Ihre Umsatzerlöse

  Mit der Frage nach der Höhe der Umsatzerlöse kann der Banker ziemlich schnell Ihr Kundensegment einschätzen. Er selbst ist für ein bestimmtes Kundensegment tätig und weiß, welche Schubladen es in seiner Bank gibt. Letztlich bedeutet dies, Sie sind potenzieller Geschäfts- oder Firmenkunde. Wenn der Banker dann das Geschäftskundensegment betreut und Sie sind Firmenkunde, wird sein Diskussionseifer schnell erlahmen.

- Ihre Bonität

  In der Regel reichen dem Banker schon drei Angaben zu Ihrem Jahresabschluss, um festzustellen, in welche Risikoschublade Sie gehören. Er wird Sie fragen: Wie hoch ist Ihre Eigenkapitalquote?

Wie ist Ihre Ertragssituation? Wie hoch ist Ihre Gesamtverschuldung bei Banken?

Aus Ihren Antworten ergeben sich für ihn folgende Einschätzungen: Der von Ihnen anvisierte Kredit ist zu groß oder wegen der Bearbeitungskosten für die Bank zu klein. Die Bonität ist zu schwach, also das Risiko zu heiß oder in der Branchenschublade ist kein Platz mehr. Dann sieht er ohnehin keine guten Chancen auf Genehmigung. Der Banker wird schnell die Finger davon lassen.

- Das Akquisitions-Umfeld

  Es gab Jahre, da wurden einem Unternehmer von den Banken die Türen eingerannt. Alle wollten eine Geschäftsverbindung akquirien, boten Kredit und übertrafen sich mit günstigen Zinsangeboten. Das Blatt hat sich durch die Finanzkrise gewendet. Der Unternehmer sieht sich einer fundamental geänderten Gefechtslage gegenüber. Die gesamte Bankbranche ist mehr oder weniger angeschlagen. Die Manager und Stäbe der Banken werden von Politik, von EU Eingriffen, täglich neuen Hiobsbotschaften und staatsanwaltschaftlichen Untersuchungen auf Trab gehalten. Der Mittelstand, jahrelang als ideales Kundensegment gepriesen, geht zeitgleich durch eine massive Wirtschaftskrise. Dies schlägt mit horrenden Verlusten in Form von Wertberichtungen in den Bilanzen der Banken ein. Sie können sich vorstellen, in diesem Umfeld ist die Bereitschaft der Banken, neue Kredite zu gewähren, nicht sehr ausgeprägt. Der Akquisitionseifer der Banker ist gedämpft.

- Das Analystenumfeld

  Vor allem bei schwächeren Bonitäten – und welche Firma hat heute schon eine super Bonität – ist die Gefahr für die Bank groß, bald nach Ausreichung des Kredites eine Abschreibung vornehmen zu müssen. Dies ist das schlimmste Szenario für einen vor Aktenbergen sitzenden Analysten, der heute bei einer großen Bank durchaus für Kreditrisiken in Milliardenhöhe verantwortlich sein kann. Dem Analysten zittert die Hand, wenn er eine neue Kreditzusage bei schwacher Kundenbonität freigeben soll. Er bekommt einen Adrenalinstoß, wenn er morgens in den Nachrichten von der Pleite eines Konzerns hört. Die Kreditentscheidungen für ein Großunternehmen werden zuvor von einem Kreditgremium genehmigt. Das trifft den Analysten persönlich in der Regel nicht so hart. Der Analyst denkt vielmehr an die Zulieferer des Großunternehmens: Die Zeitarbeitsfirma, die dorthin Personal abgestellt hat, die Reinigungsfirma oder den Sicherheitsdienst, wo der Ausfall eines Hauptkunden finanzielle Blutspuren hinterlässt. Diesen Firmen fallen jetzt Aufträge weg. Die Zulieferer verlieren Geld bei halbfertigen Arbeiten oder aufgrund noch offener Forderungen. Die bange Frage lautet jetzt für den Analysten: Sind Kredite, von Firmen, die ich analysiert und entschieden habe, davon betroffen?

Beim Frühstück werden die Schlagzeilen in der Wirtschaftspresse gescannt. Wo gibt es neue Hiobsbotschaften, die Kreditkunden von mir betreffen könnten? Kein leichtes Arbeitsumfeld für Analysten. Die Leistungsvorgaben werden zudem immer weiter nach oben geschraubt. Gleichzeitig sind diese Mitarbeiter besonders vom Personalabbau bedroht. Ein berufliches Umfeld, das Sorgen bereitet. Ein Kreditanalyst wird dafür bezahlt, seine Kreditbestände sauber zu halten und schlechte Risiken zu vermeiden. Ein nicht gemachter Kredit ist für einen Analysten das geringere Übel. All dies läuft für den Insider unter der Rubrik „gedämpfter Risikoappetit der Banken“. Damit möchte ich das immer wieder kritisierte zyklische Verhalten der Banken nicht entschuldigen. Es geht mir darum, es aus der Perspektive von betroffenen Kollegen/innen ein Stück transparenter und dadurch verständlicher zu machen.

- Das Bankenumfeld

  Als wäre dies alles nicht genug, gibt es immer weniger am Mittelstand interessierte Kreditinstitute. Diesem Thema ist ein eigenes Kapitel gewidmet. Quintessenz an dieser Stelle: Sie als Unternehmer haben weniger Optionen, das heißt: Waren bisher Sie es, der sich eine Bank aus einem reichhaltigen Angebot aussuchen konnte, ist es jetzt umgekehrt. Die Banken suchen sich mittlerweile aus, welches Geschäft sie machen und mit wem sie zusammenarbeiten wollen. Davon betroffen sind vor allem die kleineren und / oder bonitätsmäßig schwächeren Unternehmen.

Wer entscheidet über Ihren Kreditwunsch – Ihr Kundenbetreuer?

Wenn ich vor Mittelständlern referiere, stelle ich vorab immer eine Frage: Sind Sie der Auffassung, Ihr regelmäßiger Gesprächspartner bei Ihrer Bank, also Ihr Firmen-/Geschäftskundenbetreuer, ist auch derjenige, der über Ihren Kredit entscheidet? Die Trefferquote hängt zwar regelmäßig davon ab, ob größere oder kleinere Unternehmer im Teilnehmerkreis sind. Es ist für die Banken und deren Kommunikation mit ihren Kunden aber kein Ruhmesblatt, wenn zwischen zwanzig und vierzig Prozent der Befragten glauben, ihr Kundenbetreuer sei derjenige, der die Entscheidung träfe. Das stimmt nämlich nicht.

Das ist einer der wesentlichen Basel II Effekte, der große Wirkung auf den Mittelstand hat. Die Vorschriften zwingen die Banken, strikt zwischen Vertrieb und Risikoentscheidung zu trennen. Diese beiden Bereiche werden in den Richtlinien „Markt“ und „Marktfolge“ genannt. Der Insider spricht von den *MaRisk* (Mindestanforderungen an das Risikomanagement), herausgegeben von der Bundesanstalt für Finanzdienstleistungsaufsicht (BaFin). Darin ist genau vorgeschrieben, wie Kreditentscheidungen in Banken abzulaufen haben.

Darauf aufbauend sind Banken wie folgt organisiert: Auf der einen Seite gibt es ein Vertriebsressort, das sich aus verschiedenen Generalisten- und Spezialisteneinheiten zusammensetzt. Auf der anderen Seite steht ein Risiko- oder Marktfolgeressort, traditionell als Kreditabteilung bezeichnet. Diese Einheit ist organisatorisch von der untersten Sachbearbeiterebene bis zur obersten Ebene vollkommen autonom. Die Marktfolge ist in jeder Hinsicht unabhängig und in ihren Entscheidungen nicht weisungsgebunden. Was nicht heißt, man könnte die Marktfolge bei einem Grenzfall nicht zu einer positiven Entscheidung breitschlagen. Insbesondere, wenn ein Kreditgeschäft einen sehr guten Ertrag verspricht, wird die Marktfolge schon mal mit Engelszungen des Marktes (Vertrieb = Kundenbetreuer) zu einer Genehmigung bewegt.

Wie läuft ein mit Ihnen besprochener Kreditantrag in der Praxis durch die Bank? Zunächst bekommt Ihr Kundenberater Unterlagen von Ihnen: Bilanzen, Auftragseingänge, Auftragsbestände, Umsatz und Ergebnisprognosen, Zahlen zu Ihrem Investitionsprojekt und dessen

Finanzierung. Diese strukturiert er, versieht sie mit einer Begründung und leitet sie an den zuständigen Analysten weiter. Der Analyst sitzt, außer bei sehr kleinen Banken, ihm nicht gegenüber, sondern häufig an einem anderen Ort in der Bundesrepublik, wenn nicht sogar im Ausland. Manche Banken nehmen die Risikoanalysen nach Branchen organisiert vor. Sind Sie zum Beispiel in der Automobilbranche, dann kann der Experte, der Ihre Zahlen und Verhältnisse analysiert, in Hannover arbeiten. Dies, obwohl Sie Ihren Unternehmenssitz und Ihren Kundenbetreuer in München haben.

Sie werden reflexartig an eine unerfreuliche Konsequenz dieser arbeitsteiligen Struktur denken. Sie haben Recht. Die Kommunikation zwischen Analysten und Ihrem Betreuer findet weitgehend postalisch oder elektronisch statt. Das bedeutet für Sie, es ist extrem wichtig, die Unterlagen lesefreundlich und logisch aufzubereiten. Ihr Kundenbetreuer muss Ihr Geschäft sehr gut verstehen und Ihr Anliegen gut verkaufen. Ein Stück weit können Sie über die Qualität Ihrer Unterlagen und Dokumente Ihr Schicksal selbst bestimmen. Sie müssen das Glück haben, einen kompetenten Kundenbetreuer an Ihrer Seite zu wissen. Es ist wie beim Hausarzt, der sollte Sie, Ihre Ernährungs- und Lebensgewohnheiten sowie Ihre beruflichen wie privaten Belastungen gut kennen. Nur dann kann er Ihnen ein guter Ratgeber sein, Sie begleiten und moderieren, wenn Spezialisten diagnostizieren.

Für die meisten Unternehmer ist es schwer verständlich, dass sie denjenigen, der entscheidet, nicht persönlich zu fassen bekommen. Der Analyst oder Entscheider bleibt in aller Regel im Hintergrund. Er soll vom grünen Tisch aus, rein faktenorientiert, entscheiden. Der Analyst hat auch ein Arbeitspensum zu bewältigen, welches ihm Besuche bei Unternehmen ohnehin fast unmöglich macht. Das bringt Unternehmer regelmäßig in Rage. Gerade der Mittelständler kann einiges wegstecken. Eine Kreditablehnung ist ebenso hart, wie ein schlechtes Rating. Aber den Menschen, der das zu vertreten hat, nicht an den Tisch zu bekommen, ihm die Produkte und die Firma nicht selbst zeigen und nicht um eine positive Entscheidung ringen zu können, das ist für ihn harter Tobak.

Bildlich gesprochen ist es so: Ihr Kundenbetreuer trägt eine rosarote Brille und sieht Sie und Ihre Unternehmung positiv. Mit Ihnen hat er die Möglichkeit, Geschäfte zu machen. Geschäfte, an denen er verdient und gemessen wird. Der Insider spricht von der *Performance*, die der

Kundenbetreuer bringen muss. Eine Performance, die einem jungen Betreuer in guten Zeiten schon einmal einen Bonus von zehntausend Euro oder mehr im Jahr bringen konnte. Er hat also absolut nichts dagegen, wenn Ihr Rating besser ausfällt, denn das begünstigt auch seine interne Kalkulation.

Dem gegenüber trägt der Analyst / Entscheider berufsbedingt eine graue Brille. Er wird dafür bezahlt, Risiken zu beurteilen, versteckte Risiken aufzudecken und (zu hohe) Risiken zu vermeiden. Dieser Mitarbeiter hat also genau die entgegengesetzten Ziele zum Kundenbetreuer. Dementsprechend ist das zwischenmenschliche Klima von Kundenbetreuer (Markt) und Analysten (Marktfolge) oft angespannt. Die Analysten sagen über die Kundenbetreuer: „Die verspielen unser Geld! Worüber reden die eigentlich mit den Unternehmern? Die haben doch keine Ahnung von Bilanzen!“ Umgekehrt sagen die Kundenbetreuer über die Analysten: „Diese Erbsenzähler, Schwarzseher, die wittern hinter jeder Ecke Lug und Betrug, diese Angsthasen und Geschäftsverhinderer!“

Ich war auf beiden Seiten tätig. Zunächst als Analyst und Betreuer, später in Führungspositionen tätig. Die Vor- und Nachteile, die Höhen und Tiefen beider Welten habe ich durchlebt und durchlitten. Eines kann ich Ihnen in Kenntnis beider Welten versichern: Kreditentscheidungen werden bei Banken nicht leichtfertig getroffen. Selbst wenn es auf Managementebene drastische Gegenbeispiele zu geben scheint, bei schwierigeren Fällen wird hart um die richtige Entscheidung gerungen.

Woran orientieren sich die Entscheidungskompetenzen? Die wesentlichen Kriterien sind:

- die Kredithöhe
- das Unternehmensrating
- die Sicherheiten

Ein Analyst kann natürlich nicht alle Fälle selbst entscheiden. Dazu gibt es in jeder Bank eine Kompetenzhierarchie, ausgedrückt in einem Kompetenztableau. Je erfahrener ein Analyst ist, umso höher sind seine persönlichen Kompetenzen. Das kann je nach Bankengröße bis zu zweistelligen Millionenbeträgen reichen. Somit sind aber auch Grenzen gesetzt. Zur Entscheidung kommt noch ein weiterer Kompetenzträger. Sehr große Fälle – die Definition ist von Bank zu Bank unterschiedlich – werden in Gremien behandelt. Die Kreditengagements werden dann in Anwesenheit von Markt und Marktfolge vorgetragen und diskutiert. Dann ist Ihr Kreditantrag ein Stück weit auf hoher See. Sie wissen nicht genau, was rauskommt. Deshalb gilt immer, bestens präpariert zu sein.

Bei großen Banken sind die Kreditentscheidungsgremien ausschließlich mit internen Mitarbeitern besetzt. Es gibt aber auch Institute, vornehmlich im Bereich der Sparkassen- und Genossenschaftsbanken, bei denen dies anders ist. Da sitzen politische Mandatsträger, zum Beispiel Bürgermeister oder Landräte (als Vertreter der Stadt oder des Landkreises, welche Eigentümer der Sparkasse sind) oder auch andere externe Vertreter in den Aufsichts-, Verwaltungs- und Kreditentscheidungsgremien. Diese sind selbstverständlich an die Vertraulichkeit gebunden. Wenn Sie aber bei kleineren Banken im ländlichen Raum Kreditgeschäfte machen, sollten Sie wissen, wer als externer Vertreter in den Gremien sitzt. Es könnte beispielsweise ein Konkurrent sein.

Empfehlungen eines Insiders

In der Regel werden Sie mit dem Analysten, der über Ihren Kredit entscheidet, persönlich nichts zu tun haben. Deshalb sollten Sie die einzureichenden Unterlagen lesefreundlich aufbereiten. Orientieren Sie sich gedanklich an einer Bewerbungsmappe. Präparieren Sie Ihren Kundenbetreuer. Er muss Ihren Kredit bankintern bestmöglich verkaufen können. Die Kompetenzregularien für Ihren Kreditantrag sollten Sie offen mit Ihrem Kundenbetreuer ansprechen. Geht Ihr „Fall" in ein Gremium, empfehle ich Ihnen, Ihre Unterlagen besonders gut auszufeilen. Hier können Ihnen erfahrene externe Berater von Nutzen sein.

Neue Bankverbindung – wie gehen Sie strategisch vor?

Wenn der Aufbau einer neuen Bankverbindung ansteht oder ein Bankenwechsel von Ihnen angestrebt wird, empfehle ich, dramaturgisch geordnet, folgendes Vorgehen:

Bankverbindung ohne Kreditwunsch – der Insider spricht von guthaben-basierter Kontoverbindung (also kreditorisch)

1. Die regional oder zur Größe Ihrer Firma und Ihren Produktansprüchen passenden Banken aussuchen.

2. Banken, die sich aus Ihrer Region zurückziehen oder Ihr Kundensegment aufgeben / verändern könnten, außen vor lassen.

3. Idealerweise haben Sie bei einer der auf der Liste verbleibenden Banken ein „totes" – also nicht aktiv genutztes – Konto. Es böte sich für eine Wiederbelebung an.

4. Haben Sie Kontakte zu Unternehmern, Beratern, Verbänden, Steuerberatern/Wirtschaftsprüfern, die Ihnen zu Kompetenz, Beratungs- und Kreditverhalten der Banken auf Ihrer Liste etwas erzählen können, dann nutzen Sie Ihr Netzwerk.

5. Eventuell können Sie sich einen Firmen-/ Geschäftskundenbetreuer empfehlen lassen.

6. Eine neue Kontoverbindung nicht im Wege des Kaltstarts am Telefon einleiten oder wahllos in die nächste Filiale einlaufen. Sie sollten intern nicht wie Sauerbier rumgereicht werden. Beim ersten, vorzugsweise schriftlichen, Kontakt möglichst punktgenau beim Chef oder dem Kundenbetreuer im richtigen Segment und in der richtigen Region der Bank versuchen, anzulanden.

7. Auch wenn Sie keinen Kreditbedarf haben, Ihren Kundenbetreuer in losen Abständen angemessen über Ihr Unternehmen informieren.

a) Ist Ihre Bonität in Ordnung, mit Jahresabschluss und ergänzenden Unterlagen entsprechend dokumentieren.
b) Ist Ihre Bonität dagegen eher schwach, empfiehlt es sich, die Thematik zunächst nicht weiter zu vertiefen. Seien Sie sich aber bewusst, sofern Sie veröffentlichungspflichtig sind, dass Ihr Kundenbetreuer Ihren wirtschaftlichen Status im Unternehmensregister checken kann.

8. Absprachen hinsichtlich der Geschäfte, die Sie mit der Bank machen werden, einhalten!

Bankverbindung mit Kreditwunsch und guter Bonität Ihrer Firma

9. Verfahren Sie wie oben unter Punkt 1. bis 6.

10. Haben Sie wenig Erfahrung auf diesem Verhandlungssektor, machen Sie sich anhand von Unterlagen (und diesem Buch) mit der Thematik von Bank- und Kreditverhandlungen vertraut. Gespräche mit IHK, Branchenverbänden und Informationsstellen der Förderbanken helfen.

11. Bankgespräch mit fachkundigen Kollegen oder Beratern/Steuerberatern durchspielen. Auf denkbare Fragen und Einwände gut vorbereiten. Denken Sie an ein Bewerbungsgespräch. Sie „verkaufen" Ihr Unternehmen, Ihr Geschäftsmodell, Ihre unternehmerische Managementqualität an die Bank.

12. Ihre Schufa, die Ihrer Mitgesellschafter / Geschäftsführer und die Inhalte der Auskunfteien (Creditreform, Bürgel etc.) sollten in Ordnung sein. Wenn nicht, ist es höchste Eisenbahn, Richtigstellungen und Löschungen rechtzeitig, also noch vor den Kreditverhandlungen, zu veranlassen.

13. Sauber dokumentierte, lesefreundliche und logisch aufgebaute Unterlagen am Stück und nicht in Teillieferungen vorlegen. Denken Sie auch hier an eine Bewerbungssituation.

14. Im Vorfeld gegebenenfalls mit KfW-Förderkredit-Programmen und denen der regionalen Förderbanken vertraut machen.

15. Auf alternative Finanzierungsbausteine, welche die Risiken der Banken entlasten könnten, vorbereiten. Hier handelt es sich zum Beispiel um das KfW-Sonderprogramm, Leasing- oder Factoringfinanzierungen sowie Beteiligungen von (öffentlich-rechtlichen) Beteiligungsgesellschaften.

16. Überlegen Sie vorher, wie viel von Ihrem Geschäft über die Bank laufen soll, ob Sie das Institut ins Auslandsgeschäft einschalten können, ob Sie Elektronikbanking-Produkte erwerben wollen etc. Es empfiehlt sich, dazu gedanklich entsprechende Pakete zu schnüren, über die Sie dann mit der Bank verhandeln können. Da der Kredit in der internen Kalkulation ein wenig attraktives oder sogar ein Zuschussgeschäft ist, muss Ihr Kundenbetreuer wissen, wo er mit welchen Geschäften wie viel Geld mit Ihrer Firma verdienen kann.

17. Jetzt sollten Sie gut präpariert sein und können selbstbewusst in die Verhandlungen gehen. Idealerweise findet der Termin in Ihrer Firma statt, was allerdings eine bestimmte Unternehmensgröße bedingt. Geht es um ein größeres Kreditengagement (die Definition ist von Bank zu Bank unterschiedlich), sollte möglichst auch der Analyst der Bank Ihr Unternehmen einmal gesehen und Sie mit Ihrem Management kennengelernt haben.

18. Vor dem Gespräch abklären, ob es Sinn macht, die Jahresabschlüsse schon vorab bei der Bank einzureichen. Dann könnte das Kreditinstitut ein vorläufiges, ein so genanntes indikatives Rating ermitteln. Im Gespräch kann man dann schneller offene Punkte klären und beide Seiten bekommen schon eine Vorstellung über das ratingabhängige Konditionsumfeld.

Bankverbindung mit Kreditwunsch mit durchschnittlicher oder schwacher Bonität Ihrer Firma

19. Verfahren Sie wie unter Punkt 1. bis 6. und 10. bis 16. Hier haben Sie nun ein Stadium erreicht, in dem die Gefahr von Stolperfallen für Sie zunimmt. Sie sollten sich besonders gut vorbereiten bevor Sie in die Kreditverhandlungen gehen. Vertiefende Hinweise finden Sie in den nachfolgenden Kapiteln.

20. Es ist im heutigen wirtschaftlichen Umfeld nicht ehrenrührig, eine schwache Bonität zu haben. Um dennoch einen Kredit zu erhalten, müssen Sie sich auf wesentlich höhere Hürden einstellen. Sie werden Sicherheiten geben und womöglich eine ganze Reihe bittere Pillen schlucken müssen.

21. Zunächst sollten Sie sich intensiv Gedanken machen, welche Sicherheiten Sie überhaupt stellen können und wollen. Da man nie weiß, wann eine Volkswirtschaft, aber auch eine Unternehmenskrise, ihren Tiefpunkt erreicht, sollten Sie etwas Pulver trocken halten. Eine Erholungsphase muss in Form von neuen Aufträgen finanziert werden. Es müssen neue Produkte entwickelt, Maschinen gekauft und die Lager- und Forderungsbestände aufgestockt werden. Häufig ist dann keine Liquidität mehr da. Deshalb gehen viele Unternehmen in der Phase der konjunkturellen Erholung in die Insolvenz.

    Wägen Sie genau ab, was Sie möchten. Sie sollten wissen, was die Sicherheiten in etwa Wert sind. Verabschieden Sie sich von dem Gedanken, die Sicherheiten seien annähernd das Wert, was Sie ihnen unter normalen Umständen zuschreiben würden. Sicherheiten müssen immer unter Zerschlagungsgesichtspunkten, also worst-case-Szenarien, gesehen werden. Es hilft, wenn Sie gedanklich die Brille eines Insolvenzverwalters aufsetzen. Das tut weh, hilft aber bei einem realistischen Wertansatz und Sie fallen beim Bankgespräch nicht gleich vom Stuhl, wenn Sie die Meinung des Bankers hören.

22. Auf Sicherheitengleichbehandlung unter Banken achten, sonst geraten Sie gleich von anderer Seite in Gefahr. Die Beachtung der Gleichbehandlung ist für Unternehmen in schwierigen Situationen von großer Bedeutung.

23. Es wird bei den Verhandlungen wahrscheinlich auch um Ihre persönliche Bürgschaft gehen, sofern Sie nicht ohnehin Vollhafter oder Inhaber sind.

    Wenn Sie ein kleines Unternehmen in haftungsbeschränkender Rechtsform sind, kommen Sie an einer persönlichen Bürgschaft regelmäßig nicht vorbei. Ansonsten ist bei schwachen Bonitäten die Bürgschaftsthematik auch schnell auf dem Verhandlungstisch.

Achten Sie auf die Abschirmung Ihrer Existenzgrundlage und der Ihrer Familie. Bürgschaften gegebenenfalls befristen und Bedingungen für deren (Teil-) Freigabe vereinbaren. Vorausgesetzt, Sie haben eine entsprechende Verhandlungsposition.

24. Haben Sie eine schwache Bonität und löst die vorgesehene Besicherung bei Ihrem Banker keine Euphorie aus, empfiehlt sich ein dezenter Auftritt. Im Klartext: Sie sollten bei den Konditionen, also den Zinsen und Gebühren, keinen harten Verhandlungspoker vom Zaun brechen. Ihr Kundenbetreuer wird ohnehin zu tun haben, die Kalkulation der Geschäfte mit Ihnen mit einem positiven Ergebnis für die Bank hinzubekommen. Machen Sie ihn nicht sauer. Er muss bei dem Analysten der Bank für Sie in die Bütt steigen und das mit Ihnen verhandelte Ergebnis noch intern erfolgreich verkaufen.

Wie viele Banken sollten Sie haben – mehr oder weniger?

Vereinfacht ausgedrückt kann man sagen, die Anzahl der Banken sollte mit der Unternehmensgröße korrelieren. Es empfiehlt sich grundsätzlich – und das auch für kleine Unternehmen – wenigstens zwei Banken zu haben. Geht es um ein größeres Unternehmen von etwa 50 Millionen Euro aufwärts, empfiehlt es sich, aus den bestehenden Bankverbindungen ein oder zwei Institute als Hausbankverbindungen auszuwählen. Idealerweise hat sich zu diesen – aufgrund langjähriger Zusammenarbeit, offener Kommunikation und Fairness auf beiden Seiten – eine intensive unternehmerische und persönliche Beziehung entwickelt (leidiges Thema: häufiger Betreuerwechsel bei den Banken). Diese Institute sind idealerweise auch emotional mit Ihrer Unternehmung verbunden, die Geschäftsbeziehung ist zudem unter Ertragsaspekten interessant für Ihre Banken. Dann werden Sie sicher auch in schwierigen Zeiten unterstützt. Hier hat manches Unternehmen in der Vergangenheit Fehler gemacht. Häufig hat man mit zu vielen Banken Verbindungen unterhalten, ist wegen der Konditionen haussieren gegangen. Gerne sind da vor allem Auslandsbanken in die Bresche gesprungen und haben das schnelle Geschäft gemacht.

Die Folge war, dass die einzelne Kundenbeziehung, die zwischenzeitlich von den meisten Banken sehr präzise kalkuliert wird, sich immer weniger gerechnet hat. Das rächt sich in Zeiten der Krise. Warum soll eine Bank einem Kunden bei einer Restrukturierung/Sanierung mit neuen Krediten – der Insider spricht von *fresh money* – helfen, wenn sie vorher nichts verdient hat und jetzt die Auslandsbanken das Feld verlassen. Da bleibt der „Konditionenschinder“ plötzlich allein auf weiter Flur.

Erfahrungsbericht

Bei der Veranstaltung eines Unternehmerverbandes habe ich einen Familienunternehmer kennengelernt. Seine Firma mit 50 Million Euro Umsatz war bis Herbst 2008 bestens beschäftigt. Gut kapitalisiert und mit bester Ertragssituation gesegnet. Das Blatt wendete sich abrupt durch die Finanz- und Wirtschaftskrise. Auftragsstornierungen, Anmeldung ungerechtfertigter Gewährleistungsmängel und Forderungsausfälle hinterließen in seiner Bilanz eine Schneise der Verwüstung. Eine dramatische Ratingverschlechterung war die Folge.

Wie war es um die Bankensituation bestellt? Das Familienunternehmen hatte für Kredite von insgesamt rund zehn Millionen Euro fünf Banken. Davon drei Auslandsbanken und zwei regionale Institute, jeweils aus dem öffentlich-rechtlichen und dem genossenschaftlichen Bereich. Der Unternehmer war all die Jahre außerordentlich konditionsbewusst und kam so auch mit Auslandsbanken ins Geschäft. Eine Hausbankverbindung hatte er nicht aufgebaut. Aufgrund seiner bis dahin exzellenten Bilanzzahlen war er von den Banken sehr umworben und sah deshalb auch keine Notwendigkeit dafür.

Er berichtete, die Auslandsbanken zögen sich zurück, die beiden kleinen inländischen Institute seien bereits an ihren Kreditobergrenzen angelangt. Er suche nun eine neue, starke deutsche Hausbank. Bei Gesprächen würde er aber auf taube Ohren stoßen, wofür er keine Erklärung habe.

Auf welches Stimmungsbild stößt dieser Unternehmer bei den Banken? Eine neue Geschäftsbeziehung mit einem Unternehmen, bei dem die Bonität schon jetzt schlecht ist? Eine Bank muss befürchten, dass sich das Unternehmen nicht erholt. Kommt es zu einer Sanierungssituation, ist klar, dass die verbleibenden inländischen Bankpartner nicht mehr mitmachen können, da sie mit ihren Kreditengagements schon an ihre Kreditobergrenzen geraten sind. Die Auslandsbanken sind weg. Im Klartext: Eine neue Bank müsste das gesamte Sanierungsrisiko tragen. Warum sollte sie das als vorsichtiger Kaufmann tun? Ginge das Ganze schief, hätte womöglich die Bank, zumindest aber der Analyst, den Vorwurf der fahrlässigen Kreditvergabe an der Backe.

Dass der Unternehmer bei der Suche nach einer neuen Bank auf taube Ohren stieß, hatte ich deshalb nicht anders erwartet. Folgende Schlüsse lassen sich für Sie aus diesem Fall ziehen:

- Wie Recherchen ergaben, hatte der Unternehmer im Markt den Ruf, ein Sparfuchs zu sein. Insofern gab es verbrannte Erde bei den Banken. Das rächt sich beim Aufbau einer neuen Bankverbindung.

- Als Mittelständler bei insgesamt fünf Bankverbindungen drei Auslandsinstitute zu beschäftigen – da werden die Verhältnisse einfach auf den Kopf gestellt. Eine solche Relation ist allenfalls bei Konzernen denkbar. Eine oder allenfalls zwei Auslandsbanken hätten vom Unternehmer beigemengt werden dürfen.

- Zehn Millionen Euro Kredit auf fünf Banken einzelvertraglich, also bilateral, zu verteilen, ist weder ratsam noch effizient. Mit fünf Instituten müssen die Kreditbedingungen verhandelt werden. Die Gefahr, jeweils Interessen einer anderen Bank zu verletzen, ist sehr groß. Deshalb ist bei dieser Sachlage ganz klar ein Konsortialkredit, der Insider spricht von einem *Club Deal*, angesagt. Hinter solchen Konstruktionen stehen dann immer ein oder zwei Führungsbanken, die sich auch für das Unternehmen verantwortlich fühlen.

Fazit für Sie

Der Unternehmer hat sich durch seinen Ehrgeiz beim Sparen in eine schwierige Situation manövriert. Er hat die stabilisierende Wirkung von Hausbanken unterschätzt. Es lohnt immer, einen

vorsichtigen Kurs zu fahren. Auch exzellente Ausgangslagen können sich in einer globalisierten Welt schlagartig verändern. Eine Firma seiner Größenklasse sollte immer ein oder zwei starke Hausbanken an der Seite haben, die sich für die Geschicke ihres Kunden verantwortlich fühlen.

Der strategisch vorgehende Unternehmer setzt auf Kontinuität. Er ist auch im Kontakt mit Banken, zu denen er keine Kontoverbindung unterhält. Er informiert sie über seine Unternehmensentwicklung und profitiert von den vielfältigen Erfahrungen, Kontakten sowie dem Zugang zu Netzwerken, die gerade alte Hasen im Bankgeschäft haben. Da ergibt sich manch interessanter Hinweis, welcher Nutzen bringt. Ein Bankenwechsel, gerade in Krisenzeiten, ist gut zu überlegen. Er läuft ohnehin nicht mehr kurzfristig. Der Aufbau von neuen Bankenbeziehungen sollte von langer Hand geplant sein. Wird im Rahmen einer neuen Kontoverbindung ein Kreditwunsch mit großem Zeitdruck vorgetragen, klingeln beim Kreditanalysten sämtliche Alarmglocken. Er leitet aus dem Zeitdruck reflexartig akute Liquiditätsprobleme und ein nicht vertretbares Kreditrisiko ab. In der Regel wird man ein neues Institut deshalb erst einmal dosiert mit kleineren, wenig risikoträchtigen Geschäften betrauen und an einem gegenseitigen Vertrauensaufbau arbeiten. Ein langsamer Beziehungsaufbau ist zu empfehlen, ehe man Geschäfte in die Breite verlagert. Blitzhochzeiten in Las Vegas sind selten Partnerschaften von langer Dauer.

Fazit für Sie

Ihre Unternehmensgröße, der Umfang Ihrer Bankgeschäfte und Ihre Bonitätssituation bestimmen die Anzahl Ihrer Institute. Die Geschäftsbeziehung zu Ihnen sollte sich für die Banken rechnen. Sie können dafür Pakete schnüren. Das heißt, Sie sagen der Bank zu, in einem bestimmten Umfang eine attraktive Geschäftsbeziehung zu führen, beispielsweise mit Umsätzen über das Konto, Auslandsgeschäften, Anlagengeschäften und/oder Kredit- und Derivategeschäften. Sollte Ihre Bonität eher schwach sein und Ihr Kredit zudem nicht gut besichert, kommt Ihr Kredit die Bank in deren Kalkulation womöglich teuer zu stehen (Basel II Effekt). Obwohl Sie

meinen, viel Geschäft mit der Bank zu machen, ist diese mit der Geschäftsverbindung nicht zufrieden. Sie sollten dieses Thema offen mit Ihrem Kundenbetreuer ansprechen und danach Ihre Verhandlungsposition darauf einstellen. Ihre Liquiditäts- (Kredit-) Versorgung hat dabei absoluten Vorrang vor günstigen Zinsen und Gebühren.

Basel II – Regelwerk mit komplexen Wirkungen – Was müssen Sie als Unternehmer davon wissen?

Über Basel II wird viel gesprochen und heftig diskutiert. Bei genauerem Hinhören stellt man fest, die allerwenigsten Diskutanten haben sich intensiver mit den Inhalten befasst. Das gilt auch für die Mehrheit der Banker. Warum sollten Sie als Unternehmer sich dann Basel II zu Gemüte führen? Weil Sie das Verständnis von Basel II in eine bessere Verhandlungsposition bringt. Wenn Sie dieses Kapitel gelesen haben, verfügen Sie über das Wissen, das erforderlich ist, um mitreden zu können.

Basel II ist das Schlagwort für die Gesamtheit von Eigenkapitalvorschriften für das Bankensystem. Die Regelungen hat der Ausschuss für Bankenaufsicht in Basel entwickelt. Da es vorher bereits einfachere Regeln zu diesem Thema gab, werden diese alten Regeln als Basel I und die neuen Regeln als Basel II bezeichnet. Basel II ist mit Übergangsvorschriften zum 01. Januar 2007 eingeführt worden.

Ursprünglich ging die Initiative für Basel II von den Vereinigten Staaten aus. Man nahm nämlich an, von den neuen Richtlinien im Vergleich zu den europäischen Banken zu profitieren. Während die europäischen Musterknaben zügig an die Umsetzung gingen, hatten die Amerikaner nicht mehr annähernd den ursprünglichen Begeisterungsgrad für die Umsetzung der neuen Regeln im eigenen Land. Man fürchtete das enge Korsett, welches Basel II den Banken anlegt.

Unter Basel I gab es für Banken eine simple, einheitliche Norm. Für jeden Kredit musste die Bank in ihrer Bilanz acht Prozent der

Kreditsumme als Eigenkapital bereithalten. Das Eigenkapital war insoweit nicht mehr für andere Geschäfte verfügbar. Dabei war es unerheblich, ob der Kredit erstklassig, voll besichert oder an eine von der Insolvenz bedrohte Firma ausgereicht war. Es wurde alles über einen Kamm geschert. Das bedeutete also: Reichte eine Bank eine Million Euro Kredit aus, wurde in ihrer Bilanz beim Eigenkapital achtzigtausend dafür reserviert. Diese Gleichbehandlung von guten und schlechten Risiken war alles andere als gerecht und weder pädagogisch noch kaufmännisch noch aufsichtsrechtlich gewollt.

Die Aufsichtsbehörden dachten deshalb darüber nach, Banken, die gute Kredite ausreichen, zu „belohnen“ und Banken, die schlechte Kredite ausreichen, zu „bestrafen“. Dafür entwickelte man ein Bonus- bzw. Malussystem, mit dem Ziel, disziplinierend auf die Banken einzuwirken.

Die Wirkungsweise von Basel II ist im Grunde einfach: Hat eine Bank überwiegend gute Kredite, braucht sie weniger Eigenkapital; hat sie überwiegend schlechte Kredite, muss sie sich mehr Eigenkapital beschaffen oder sie kann keine Kredite mehr vergeben. Die Wahrscheinlichkeit, dass schlechte Kredite nicht zurückbezahlt werden, ist eben höher einzustufen. Dem soll vorsorglich mit einem höheren Eigenkapital Rechnung getragen werden. Vorsorge, damit sich Geldanleger mit ihren Guthaben bei einer solchen Bank keine Sorgen machen müssen.

Doch wenn eine Bank tausende von Krediten ausreicht, wie können dann die Aufsichtsbehörden überhaupt feststellen, ob es sich um gute oder schlechte Risiken handelt? Welches Verfahren kann man dazu anwenden?

Hier kommt das Rating als neuer und wesentlicher Baustein von Basel II ins Spiel. Eine Bank muss seitdem zusätzlich jeden Kredit, den sie vergibt, mit einem Rating – also mit einer Note – versehen. Anhand dieser Note kann man die Bonitäten der Unternehmen ablesen. Vereinfacht ausgedrückt bekommt jeder Unternehmenskredit eine Note wie in der Schule von eins bis sechs. Das Management der Bank, sozusagen der Lehrkörper, weiß dann um die Leistungsfähigkeit der Schüler, also der Unternehmen. Das Kultusministerium besucht Schulen zu Kontrollzwecken und prüft, ob sich die Lehrer an die Lehrpläne halten, der Schulbetrieb ordentlich ist und die der Leistung entsprechenden richtigen Noten gegeben werden. Ähnlich läuft es mit der Bankenaufsicht, welche die Banken überprüft.

Wie funktioniert nun die praktische Umsetzung von Basel II? Jede Bank hat ihr eigenes Ratingsystem. Je besser dieses entwickelt ist, umso mehr profitiert die Bank von den Auslegungsregeln. Damit die Banken nicht in Versuchung kommen, die Regeln in ihrem eigenen Sinne auszunutzen, werden die Ratingverfahren intensiv von den Aufsichtsbehörden geprüft. Vor dem Einsatz der Ratingverfahren müssen diese von den Aufsichtsbehörden in einer Art TÜV-Prüfung abgenommen, also zertifiziert, werden. Die Bezeichnung der Behörde lautet BaFin – Bundesanstalt für Finanzdienstleistungsaufsicht – mit Sitz in Bonn.

Wenn eine Bank alle Kredite einem Rating unterzogen hat, kann ermittelt werden, wie hoch das Eigenkapital ist, welches in der Bankbilanz ausgewiesen werden muss. Der Insider spricht dann von den aufsichtsrechtlichen Eigenkapitalanforderungen.

Eigenkapital ist eine Größe von enormer Bedeutung für eine Bank. Es muss bedient werden, d.h. die Eigentümer, also die Aktionäre (bei großen Geschäftsbanken), die Genossen (bei Volks-und Raiffeisenbanken) oder die Kommunen/Länder (bei Sparkassen und Landesbanken) sind mit entsprechenden Gewinn-Ausschüttungen (Dividenden) zu verwöhnen. Je höher die Ausschüttung, desto höher die Rendite für die Eigentümer auf das eingesetzte Eigenkapital. Neues Eigenkapital bekommen die Banken nur, wenn sie gute Renditen erwirtschaften.

An dieser Stelle wird es interessant für Sie – den Unternehmer. Hier haben wir nämlich eine der neuen zentralen Wirkungen von Basel II auf den Mittelstand. Eigenkapital kostet, wie Sie oben gesehen haben, Geld. Mit wem verdient die Bank das Geld? Mit dem Geld ihrer Kunden. Mit Basel II versuchen die Banken, den bonitätsschwachen Unternehmen, die wegen der höheren Risiken mehr Eigenkapital kosten, höhere Zinsen abzuknöpfen. Dafür können sie guten Kunden, für die weniger Eigenkapital gebraucht wird, etwas entgegenkommen. Dieses System an sich führt zunächst zu mehr Gerechtigkeit im Gegensatz zu Basel I. Gute Firmen bekommen günstige Zinsen, schwächere Firmen müssen mehr bezahlen. In Zeiten, in denen eine Finanz- und Wirtschaftskrise die Ratings von Unternehmen in der Breite abschmieren lassen, können Sie sich vorstellen, wie das auf die Zinsen wirkt! Kredite werden logischerweise teurer. Das ist auch der

Grund für steigende Zinsen, obwohl das Zinsniveau für Geldanlagen insgesamt niedrig ist.

Was bei der Einführung von Basel II in dieser Deutlichkeit öffentlich nicht gesagt wurde, war die Trennung von Markt und Marktfolge. Grundlage hierfür sind in Deutschland die so genannten *MaRisk*. Zu Deutsch: Die Mindestanforderungen an das Risiko Management einer Bank. Aufgrund der erheblichen Bedeutung für den Zugang zu Krediten ist dem Thema ein eigenes Kapitel gewidmet. An dieser Stelle soviel: Die Bonität Ihrer Firma ist nicht primär von Ihrem Kundenbetreuer zu beurteilen. Sie muss vielmehr von einem unabhängigen Analysten der Bank geprüft und mit einem Ratingsystem bewertet werden. Der Analyst trifft auf dieser Basis eine unabhängige Kreditentscheidung.

Fazit für Sie

Basel II in drei Sätzen erklärt:

- ***Ihre Unternehmensbonität, wird mittels eines Ratingsystems bewertet und in einer Rating-Note ausgedrückt.***
- ***Ihr Ratingergebnis bestimmt nicht nur über Ihre Kreditwürdigkeit und damit den Zugang zu Krediten, es führt auch je nach Rating-Note zu höheren oder niedrigeren Kreditzinsen bei Ihnen.***
- ***Ihr Kreditantrag wird von einem unabhängigen Analysten der Bank geprüft und entschieden. Ihr Gesprächspartner, also Ihr Kundenbetreuer, ist nicht derjenige, der entscheidet.***

Kreditwürdigkeit Ihrer Firma – was ist wirklich wichtig?

§ 18 Kreditwesengesetz (KWG) – ein Papiertiger?

Der Paragraf 18 KWG war bei Banken früher ein häufig genutztes Mittel, um sanften Druck auf Firmen auszuüben. Von Unternehmern wurde er deshalb als Folterinstrument verstanden. In vielen Formbriefen und Mahnschreiben der Banken heißt es zum Teil noch heute:

„Unter Bezugnahme auf § 18 KWG fordern wir Sie hiermit auf, uns Ihren Jahresabschluss für das zurückliegende Geschäftsjahr (und bei Einzelfirmen zusätzlich eine Vermögensaufstellung und Ihren Einkommenssteuerbescheid) vorzulegen."

Nicht gerade kundenfreundlich formuliert, aber trotz aller Verkaufstrainings bei Banken offenbar schwer auszumerzen.

Worum geht es da eigentlich? Im Kreditwesengesetz sind Normen und Regeln für Banken verankert. Das Gesetz bestimmt auch gewisse Minimalstandards für die Kreditvergabe. Die Vorschrift des § 18 KWG ist ein zentraler Bestandteil des Gesetzes mit großer Relevanz auch für denjenigen, der Kredit erhält. Er lautet in leicht gekürzter Fassung:

„Ein Kreditinstitut darf einen Kredit, der insgesamt 750.000 Euro überschreitet, nur gewähren, wenn es sich von dem Kreditnehmer die wirtschaftlichen Verhältnisse, insbesondere durch Vorlage der Jahresabschlüsse, offen legen lässt. Das Kreditinstitut kann hiervon absehen, wenn das Verlangen nach Offenlegung im Hinblick auf die gestellten Sicherheiten oder auf die Mitverpflichteten offensichtlich unbegründet wäre.

Das Kreditinstitut kann von der laufenden Offenlegung absehen, wenn

1. *der Kredit durch Grundpfandrechte auf Wohneigentum, das vom Kreditnehmer selbst genutzt wird, gesichert ist,*

2. *der Kredit vier Fünftel des Beleihungswertes des Pfandobjektes im Sinne des § 16 Abs. 1 und 2 des Pfandbriefgesetzes nicht übersteigt und*

3. *der Kreditnehmer die von ihm geschuldeten Zins- und Tilgungsleistungen störungsfrei erbringt.“*

Zu § 18 KWG gibt es umfangreiche Kommentare, Doktorarbeiten, Wirtschaftsprüferstellungnahmen, Sonderprüfungen von Banken durch die Bundesaufsicht. Legionen von Bankanalysten haben mit Firmenkundenbetreuern oder auch den Kreditkunden selbst darüber gestritten, ob § 18 KWG nun erfüllt sei oder nicht bzw. wie die Kommentare im konkreten Fall zu interpretieren seien. Alles hinfällig.

Im Jahre 2005 ist dem § 18 KWG die Spitzfindigkeit genommen worden. In einem bis dahin nicht vorstellbaren bürokratischen Befreiungsschlag wurden sämtliche Anwendungsregularien und Kommentare ersatzlos gestrichen. Der § 18 KWG gilt nun so schlicht und ergreifend wie er oben steht und die Interpretation ist in die Eigenverantwortung der Banken gestellt.

Im Grunde ist es mit der Vorschrift ganz einfach. Die Bank soll sich vor der Kreditvergabe ein angemessenes Bild über die Risikosituation des Kreditnehmers machen. Dies geschieht im Normalfall durch die Bilanz und Gewinn- und Verlustrechnung sowie ergänzendes aktuelles Zahlenmaterial zum laufenden Geschäftsjahr. Das liegt ohnehin im Interesse der Bank und von daher hatte der alte, umfassende § 18 KWG traditionell zwei pädagogische Wirkungen. Zum einen war es der erhobene Zeigefinger der Bankenaufsicht gegenüber der Bank, die Geschäfte ordentlich zu betreiben und sich Mühe zu geben bei der Bonitätsbeurteilung ihrer Kreditkunden. Zum anderen konnte eine Bank den § 18 KWG als Druckmittel gegenüber dem Kunden benutzen, die Verhältnisse umfangreich offenzulegen.

Schwierig bleibt die Offenlegung der wirtschaftlichen Verhältnisse auch unter den neuen Regularien, wenn durch die Rechtsform der Einzelfirma oder der KG finanzielle Einwirkungen von außen auf die Firma, also die Kreditnehmerin, treffen. Im Klartext: Alles was der persönlich haftende Gesellschafter der KG oder der Inhaber der Einzelfirma außerhalb des kreditnehmenden Unternehmens tut, kann aufgrund seiner persönlichen Haftung auf das Kreditrisiko der Firma durchschlagen. Diese Risiken können den Kredit gefährden. Ob diese „Durchschlagsgefahr" von Bedeutung ist, lässt sich meist nur schwer prüfen. Häufig sind deshalb Kunden ob des Prüfungsumfangs sauer, weil beispielsweise auch der gesamte persönliche Immobilienbereich, alle Bürgschaftsverpflichtungen, sonstige Beteiligungen und Vermögensanlagen geprüft werden müssen. Im Grunde muss die Privatsphäre des Unternehmers von A bis Z durchleuchtet werden, obwohl dies mit der Firma, die Kredit aufnimmt, unmittelbar nichts zu tun hat. Derartige Fallkonstruktionen sind für den Kreditanalysten eine Sisyphusarbeit und höchst unbeliebt.

Dieser Prüfungsaufwand muss vor allem dann betrieben werden, wenn das kreditsuchende Unternehmen selbst bonitätsmäßig nicht sehr gut dasteht. Häufig liegen die eigentlichen Vermögenswerte im privaten Bereich. Einer Durchschlagsgefahr hat das Unternehmen durch eigenes Vermögen nichts entgegenzusetzen.

Bei einem Kunden – Inhaber oder persönlich haftender Gesellschafter – der auch außerhalb seines Unternehmens umfangreiche Aktivitäten unterhält, kann sich quasi über Nacht etwas ändern. Dem muss durch entsprechende Risikoabschläge und permanente Überwachung sämtlicher seiner Aktivitäten Rechnung getragen werden. Aus eigener Erfahrung weiß ich, hier gibt es auf beiden Seiten, beim Kunden wie bei der Bank, nur eines: viel Ärger. Die Praxis hat aber leider auch statistisch erhärtet, dass in diesen Fallkonstruktionen häufig Verluste für Banken auftreten. Meist hat sich der Inhaber oder der persönlich haftende Gesellschafter bei anderen Projekten verrechnet und die Risiken schlagen auf die kreditnehmende Firma durch. Die Firma kommt in Schwierigkeiten und die vorher angenommene Vermögensbasis schmilzt plötzlich dahin.

Das alles spricht dafür, möglichst wenig Verflechtungen, viel mehr klare Strukturen und transparente Verhältnisse zu schaffen. Ein Mittelständler, der für 20 Millionen Euro Umsatz zehn Gesellschaften im Einsatz hat, bekommt bankintern häufig eine rote Markierung. Die Relation stimmt nicht. Entweder dient die Vielzahl der Gesellschaften der Vernebelungstaktik gegenüber Banken und Finanzamt oder der Unternehmer verliert irgendwann selbst den Überblick. Beide Aspekte sind aus Sicht der Bank Risikofaktoren und führen meist zu restriktiver Kreditvergabe. Lässt sich eine, meist historisch gewachsene komplexe Firmenkonstruktion auf die Schnelle nicht auflösen, kann man trotzdem etwas tun. Konsolidierte Zahlen sind das Gebot der

Stunde. Eine saubere Konzernbilanz stimmt jeden kritischen Analysten etwas milder. Von der damit verbundenen Transparenz profitiert der Unternehmer als Erster.

Ihre Unterlagen – welche brauchen Sie für Ihren Kreditantrag?

Basis eines Kredites ist Vertrauen. Vertrauen, dass der Kredit eines Tages mit Zinsen zurückbezahlt wird. Denn nur dann ist das Ganze ein Geschäft für die Bank. Aber nur auf Vertrauen basierend, sozusagen auf Handschlag, bekommen Sie heute keine Kreditzusage mehr. Die guten alten Zeiten sind vorbei, in denen ein Bankdirektor aufgrund seiner persönlichen Einschätzung eine solche unternehmerische Kompetenz und die erforderliche interne Durchsetzungskraft hatte. Dem ist zwischenzeitlich nicht nur durch die Vorschriften von Basel II bzw. § 18 Kreditwesengesetz (KWG), sondern vor allem durch interne Regelungen der Banken ein Riegel vorgeschoben.

Wenn Ihr Kundenbetreuer bestimmte Unterlagen fordert, weil dies gesetzlich so vorgeschrieben sei, so ist das formal zwar richtig. Wesentlicher Punkt ist aber, dass die Bank selbst an den Unterlagen interessiert ist, um zu einer eigenen Risikoeinschätzung zu kommen.

Welche Unterlagen brauchen Sie nun? Im Grunde ist es ganz einfach: Sie brauchen alle Unterlagen, welche die Banken von Ihnen haben möchten. Das waren schon in guten Zeiten nicht wenige. In schwierigeren Zeiten, oder wenn die Bonität schwächer ist, werden die Anforderungen höher. Es gibt jede Menge Broschüren und Leitfäden von Förderbanken, Industrie- und Handelskammern und Banken, die die notwendigen Unterlagen zusammenfassen. Ich will Sie hier nicht mit Auflistungen langweilen. Mir geht es darum, die Bedeutung der mit Ihren Unterlagen erzielten Transparenz und deren Wirkungsweise aufzuzeigen.

Viele Unternehmer, vor allem kleinere, sträuben sich gegen eine offene Kommunikation mit der Bank. Sicherlich ist es nicht angenehm, sozusagen nach Aufforderung „die Hosen runterzulassen“. Die Banker können es dagegen nicht mehr hören, wenn ein Unternehmer argumentiert: „Sie kennen mich lange genug. Sie haben noch nie einen

Euro mit mir verloren. Ich habe mein sauer verdientes Geld im Unternehmen und bin der Letzte, der es verlieren will."

Wenn es vor der Finanzkrise fallweise vielleicht ein zugedrücktes Bankerauge gab – das kam vor allem bei kleineren Instituten durchaus vor – heute ist Transparenz angesagt. Transparenz. Transparenz. Transparenz.

Vergeuden Sie nicht Ihre wertvolle unternehmerische Energie, indem Sie an der Liste des Bankers mit den einzureichenden Unterlagen herumnörgeln. Es bringt nichts. Sie benachteiligen sich selbst, weil Sie womöglich

- den gewünschten Kredit nicht bekommen
- Ihr Rating verschlechtern
- höhere Zinsen bezahlen müssen
- als verhandlungsaufwendiger Kunde höhere Gebühren aufgebrummt bekommen.

Die Ansprüche an die Qualität und die Quantität der Unterlagen, die man von Ihnen erwartet, werden von folgenden Faktoren bestimmt:

- Größe Ihres Unternehmens
- Kredithöhe und Kreditlaufzeit
- Bonität Ihres Unternehmens
- Wert der angebotenen Sicherheiten
- Ihre Branche

Handelt es sich um ein kleineres Unternehmen, spielt häufig die private Vermögens- und Einkommenssituation des Inhabers/Hauptgesellschafters bei der Beurteilung des Risikos durch die Bank eine wesentliche Rolle. Manche Fragen haben gar einen indiskreten

Charakter. Es sind nicht nur die Vermögens- und Schuldenaufstellung und der Einkommenssteuerbescheid gefragt. Es geht auch um den Versicherungsschutz, gibt es einen Ehe- und Erbvertrag, gibt es Unterhaltspflichten für uneheliche Kinder oder den Ex-Ehepartner etc. Auch für den Banker nicht angenehm, in den Wunden des Kunden bohren zu müssen.

Ist ein Unternehmen etwas größer, ohne bereits über einen eigenen Finanzchef zu verfügen, liegen Qualität und Quantität der Unterlagen häufig im Argen. Der Unternehmer hat selbst viele andere Themen mit höherer Priorität zu bewältigen, ist womöglich Techniker und kann sich nicht in erster Linie um die Finanzen kümmern. In diesen Fällen empfiehlt es sich, mehr an den Steuerberater / Wirtschaftsprüfer zu delegieren oder eine Person des Vertrauens, zum Beispiel die Leitung der Buchhaltung, für die Betreuung der Bankbeziehungen aufzubauen. Diese Vertrauensperson ist entsprechend zu schulen und ggf. durch den Steuerberater / Wirtschaftsprüfer einzuarbeiten. Häufig machen Unternehmer diese Verantwortungsübergabe nicht gerne, weil sie scheinbar das Heft des Handelns aus der Hand geben oder zu viele Einblicke in die Privatsphäre gewähren.

Bei größeren Unternehmen, bei denen es einen eigenen kaufmännischen Geschäftsführer / CFO oder einen kaufmännischen Leiter / Finanzchef gibt, hat sich in den vergangenen Jahren vieles zum Positiven verändert. Diese Unternehmen haben die Erfahrung gemacht, dass es sich lohnt, einen kooperativen Kurs mit den Banken zu fahren und für Transparenz zu sorgen. Aber der ein oder andere Unternehmer hängt noch an der „alten Schule“ und gibt sich nach wie vor zugeknöpft. Dementsprechend treffen ihn die oben beschriebenen Konsequenzen.

Wann machen Sie bei einem Banker mit Ihren Unterlagen eine gute Figur? Meine Empfehlungen sind folgende:

schnell sein

Jahresabschlüsse bzw. Jahresüberschussrechnung, zumindest aber vorläufige Zahlen sollten schnellst möglich nach dem Bilanzstichtag vorgelegt werden. Verzichten Sie auf die Ausrede, der Steuerberater habe keine Zeit. Gute Steuerberater kennen die Mechanismen sehr wohl.

sattelfest sein

Sie sollten sich intensiv mit Ihren Zahlen auseinandersetzen und im „Kreuzverhör", also in der Diskussion mit dem Kundenbetreuer der Bank, gegebenenfalls auch dem Analysten, eine gute Figur abgeben. Abweichungen von dem, was Sie prognostiziert hatten, mit einer Soll-Ist-Analyse fundiert begründen. Niemand kennt das Unternehmen so gut wie Sie. Von daher sollten Sie in Ihrem eigenen Zahlenwerk absolut sattelfest sein und mit inquisitorischen Fragen zurechtkommen.

selbst sprechen

Auch wenn Sie von einem (Steuer-) Berater begleitet werden, und das macht bei schwächeren Bonitäten und/oder kleineren Unternehmen durchaus Sinn, sind Sie der Unternehmer. Das bedeutet, Sie führen die Rede, Ihr Berater begleitet und berät Sie. Sie haben die Firma und deren Zahlen im Griff. Hier müssen Sie Ihre Unternehmer- und Managementkompetenzen zeigen. Auch das fließt ins Rating ein. Ihr Redeanteil ist demnach spürbar höher als der Ihres Beraters.

up to date sein

Je länger der letzte Bilanzstichtag zurückliegt, umso wichtiger ist es, Zwischenzahlen vorzulegen. Quartalsweise betriebswirtschaftliche Auswertungen, Monatszahlen, Auftragsbestände, Auftragseingänge, Kreditlinienaufstellung etc. Haben Sie diese Unterlagen nicht oder nicht in angemessener Form, gibt es Maluspunkte beim Rating. Es spricht nämlich nicht für ein straff geführtes Unternehmen, wenn Sie nicht wissen, wo Sie genau stehen. Deshalb kann es sogar zusätzliche Maluspunkte bei der Bewertung der Managementkompetenz bringen. Von daher sollten Sie immer wieder Signale senden, die auf straffe Organisation, hartes Kostenmanagement, absolute Kundenorientierung etc. schließen lassen.

prognosesicher sein

Wenn Sie ein regelmäßiges Reporting aufbauen – je nach Unternehmensgröße quartalsweise oder monatlich – Abweichungen nachvollziehbar begründen. Ihre eher konservativen Prognosen sollten eine hohe Trefferquote haben. Dann sammeln Sie Pluspunkte für Ihre unternehmerische Kompetenz und bauen Vertrauen auf. Sie profitieren mit Bonuspunkten beim Rating. Das wiederum führt zu einer höheren Kreditwürdigkeit und diese mündet hoffentlich in noch bessere Konditionen für Sie ein.

proaktiv sein

Am besten reichen Sie die von der Bank benötigten Unterlagen immer frühzeitig und unaufgefordert ein und informieren sie regelmäßig – mindestens einmal jährlich im Rahmen einer Bilanzbesprechung über die aktuelle Geschäftsentwicklung.

Besonderheiten erläutern

Unterrichten Sie die Bank frühzeitig über Ihre unternehmerischen Zukunftspläne sowie über besondere Entwicklungen und Hintergründe. Alle wichtigen Finanzierungspartner sollten zeitgleich denselben Informationsstand haben. Erläutern Sie gleich bei der Bilanzeinreichung wichtige Positionen und Abweichungen zu den Vorjahren und zu den Branchenwerten. Untermauern Sie dies möglichst mit Nachweisen.

Geht es um mittel- oder langfristige Finanzierungen, sollten sich die Planzahlen nicht nur auf das Folgejahr beziehen, sondern die gesamte angedachte Kreditlaufzeit abdecken.

Es gibt viele Bilanz- und Gewinn- und Verlust-Positionen, die unterschiedlich interpretiert werden können, sofern sie nicht näher erläutert sind. Diese Größen wirken beispielsweise auf Eigenkapital oder Betriebsergebnis ein. Ein Einfluss auf das Unternehmensrating kann die unmittelbare Folge sein.

Ursache dafür ist das Vorsichtsprinzip, das von Banken bei der Bilanzanalyse angewandt wird. Das heißt, eine Position, die nicht eindeutig geklärt ist, wird bei Zweifeln negativ bewertet.

Solche Positionen können beispielsweise sein:

- Gesellschafterdarlehen
- Forderungen an Gesellschafter
- außerordentliche Erträge
- betriebliche Erträge
- neutrale Aufwendungen
- außerordentliche Aufwendungen
- langfristige Rückstellungen
- Wertberichtigungen

Ist der Abschluss bei der Bank analysiert, wird im nächsten Schritt das Rating festgelegt. Wenn Sie dann eine Ratingänderung anstreben, ist es womöglich schon zu spät oder sehr aufwendig.

Empfehlungen eines Insiders

Sie sollten Ihren Steuerberater / Wirtschaftsprüfer schon im Vorfeld bitten, bei der Erstellung des Jahresabschlusses auslegungsfähige Positionen detailliert auszuweisen und zu erläutern.

Es gibt auch Positionen, die man mit ergänzenden privatschrift-

lichen Erklärungen aufwerten kann. Dadurch wird es für die Bank ggf. möglich, Gesellschafterdarlehen den Eigenmitteln zuzurechnen. Das kann Ihrem Rating sehr gut tun.

Im Vorfeld bei Ihrem Kundenbetreuer Empfehlungen einholen. Jede Bank hat andere Regularien. Ihr Kundenbetreuer kann Ihnen sicher ergänzende Tipps geben, wie seine Bank Bilanzsachverhalte interpretiert, worauf es dem Analysten ankommt und wo man ohne großen Aufwand noch etwas optimieren kann.

Ihre Kreditlinien-Aufstellung – Stolperfallen vorprogrammiert?

Die Aufstellung sämtlicher Kreditlinien eines Unternehmens wird bei vielen Kreditinstituten auch als Bankenaufstellung oder Bankenspiegel bezeichnet. Wie der Name schon sagt, spiegelt diese Aufstellung sämtliche Bankverbindlichkeiten eines Unternehmens wider. Desweiteren werden alle Sicherheiten aufgeführt. Manche Aufstellungen beinhalten auch noch die Konditionen. Bei kleineren Unternehmen ist der Bankenspiegel ein simples Unterfangen – das Verzeichnis lässt sich fast handschriftlich erstellen. Bei größeren Unternehmen mit mehreren Bankverbindungen, verschiedenen Kreditlinien und Darlehen empfiehlt es sich dagegen, eine Excel-Datei anzulegen.

Losgelöst von der Unternehmensgröße, der Anzahl der Bankverbindungen und Kreditlinien empfehle ich dringend, das Verzeichnis mit größter Sorgfalt zu erstellen. Unterschätzen Sie nicht die Fülle an Informationen, welche die Banken mit der Aufstellung erhalten und welch vielfältige, auch ratingrelevante Schlussfolgerungen aus der Aufstellung gezogen werden können. Fragen Sie Ihren Kundenbetreuer, ob seine Bank ein Formblatt dafür bereithält. In den Fragebögen wird regelmäßig mehr abgefragt, als wirklich erforderlich ist. Vorsicht! Die Bank versucht sich hier Wissensvorteile, zum Beispiel zu Konditionen, zu verschaffen.

Der Bankenspiegel ist aus Sicht der Kreditinstitute besonders in Krisenzeiten und Phasen von Umbrüchen in der Bankbranche eine

Unterlage mit höchster Bedeutung. Für die Risikoeinschätzung Ihrer Kreditwünsche werden die Unterlagen äußerst genau geprüft und interpretiert.

Wie ist die Systematik der Aufstellung? Zunächst einmal stellen Sie von jeder Bank alle Kreditlinien, kurzfristigen Kontokorrentkredite, mittel- und langfristigen Darlehen aber auch alle Avalkredite mit den wesentlichen Daten, also Betrag, Laufzeit, Zins- und Tilgungsbedingungen und Inanspruchnahmen zusammen. Am besten kopieren Sie alle Vertragsunterlagen und fassen sie in einen einzigen Ordner namens Bankenspiegel zusammen. Tragen Sie die Daten in eine Aufstellung ein und vermerken Sie bei jeder Kreditlinie in Kurzform die Sicherheiten dazu.

In der Summe ergibt die Aufstellung sämtliche Kreditlinien, die Ihrer Firma zur Verfügung stehen. Ebenso ergeben sich daraus die Struktur Ihrer Kreditversorgung und die Sicherheitensituation. Einem Analysten genügt ein guter Bankenspiegel, um eine fundierte Analyse Ihres Unternehmens inklusive Ratingeinschätzung und Risikoprofil vorzunehmen und den Preisverhandlungsspielraum für die Bank zu erkennen. Das Tableau hilft, Schwächen Ihres Unternehmens herauszuschälen, ohne es im Detail kennengelernt zu haben. Auch betrügerische Handlungen können bei einer professionellen Analyse ans Tageslicht befördert werden.

Erfahrungsbericht

Ich kam selbst einmal einer mittelständischen Firmengruppe über den Bankenspiegel auf die Spur krimineller Handlungen, ohne aber den zwingenden Beweis führen zu können. Die erdrückende Indizienlage nahm das Entscheidungsgremium der Bank zum Anlass, sich vorsichtshalber vom Kunden zu trennen. Es dauerte noch Jahre, bis die ungemein intelligent angelegte Betrugsmasche durch Kommissar Zufall aufflog. Eine ganze Reihe von renommierten Banken wurde geschädigt, der Gesamtschaden lag im zweistelligen Millionenbereich.

Ich möchte Sie mit der akribischen Denke von Bankern bei der Analyse eines Bankenspiegels nicht nur vertraut machen, sondern Sie sensibilisieren für die große Bedeutung dieser Unterlage. Im nachstehenden Bankenspiegel sind deshalb eine Reihe von Stolperfallen eingebaut. Diese Schwachpunkte werden von einem fachkundigen Analysten sofort identifiziert. Wenn diese beispielhaft aufgeführten Faktoren bei Ihnen vorhanden sind, geraten Sie in eine schlechte Verhandlungsposition und schlimmstenfalls werden Sie mit Ihrem Kreditwunsch scheitern. Wenn Sie nachfolgende Aufstellung durcharbeiten, werden einige Analystenüberlegungen für Sie transparent werden.

Muster: Kreditlinien-Aufstellung (Bankenspiegel)

Kreditinstitut	Kreditart	Kreditlinie T€	Inanspruchnahme T€	Laufzeit MM/JJJJ	Tilgung p.a. T€	Sicherheiten
kurzfristige Kredite						
Bank A	Kontokorrent	1.000	700	baw	-	Bürgschaft Gesellschafter
Bank B	Avalkredit	1.000	1.500	12/2010	-	blanko
Bank C	Kontokorrent/Aval	1.000	900	baw	-	Covenants
Bank D	Avalkredit	2.000	1.500		-	blanko
Bank E	Überziehungskredit	1.000	1.200	baw, mündl	-	Sicherungsübereignung Maschinenpark/Warenlager
Summe kurzfristig		6.000	5.800			
langfristige Kredite						
Bank E	Darlehen für 5 Jahre	800	900	10/2013	200	Grundschuld Privathaus des Gesellschafters
Summe langfristig		800	900			
Summe gesamt		**6.800**	**6.700**			

Legende

baw	Zusage bis auf weiteres
(Oval)	Stolperfallen; im Text Punkte 1. bis 5.

Was fällt in der Bankenaufstellung auf?

1. Die Kreditinanspruchnahmen entsprechen in der Summe bereits weitgehend den (Kontokorrent-) Kreditlinien

Sie werden sich sagen, wenn es nicht so wäre, bräuchte ich ja keinen zusätzlichen Kredit. Der Analyst der Bank wird denken, dass das Unternehmen schon einen Engpass hat. Wenn ich den neu beantragten Kredit nicht vergebe, ist die Liquiditätsnot schon vorprogrammiert. Meine Bank wird folglich nur als Notnagel benutzt.

Fazit für Sie

Neue Kredite nicht erst beantragen, wenn es nicht mehr anders geht. Es spricht nicht für eine vorausschauende Liquiditätsplanung, wenn zu lange gewartet wird. Zudem kann eine hohe Ausschöpfung der vorhandenen Kreditlinien über das so genannte Verhaltensscoring negativ auf Ihr Rating wirken.

2. Bei Bank B ist die Kreditlinie kräftig überzogen

Sie werden sich sagen, dass das vorkommen kann und wenn es mit der Bank abgestimmt ist, ist es in Ordnung. Grundsätzlich ist das zutreffend. Sie sollten aber wissen, Überziehungen sprechen nicht für eine erfolgreiche Liquiditätsplanung. Was aber viel schlimmer und gleichzeitig wenig bekannt ist, bei vielen Kreditinsituten wirken Überziehungen als so genannte Kontoführungs-Auffälligkeiten negativ auf Ihr Rating. Was ist die Konsequenz? Sie zahlen nicht nur Überziehungszinsen für die Überziehung selbst, über das schlechtere Rating verteuern Sie Ihr gesamtes (!) Konditionsgefüge bei der Bank. Kommt es zu Auskunftsanfragen über Sie, darf die Bank den Tatbestand einer gestörten Kontoführung nicht verschweigen. Sie wird sich wie bei einem Arbeitszeugnis in eine verklausulierte Formulierung bei der Auskunft flüchten, die der Auskunftsleser natürlich zu interpretieren weiß.

Fazit für Sie

Vermeiden Sie unter allen Umständen eine Überziehung Ihrer eingeräumten Kreditlinien. Es sollte absolutes Tabu sein. Selbst mit der Bank vorher abgestimmte und genehmigte Überziehungen können negative Wirkungen in deren Ratingsystemen haben. Wenn es aber doch einmal – natürlich versehentlich – passiert ist, sofort beim zuständigen Kundenbetreuer oder der Kontoführung anrufen, Malheur eingestehen und Überziehungen unverzüglich bereinigen.

3. Bei Bank E gibt es einen mündlich zugesagten und zudem überzogenen Kredit

Auch wenn Sie mit dem Banker am Stammtisch sitzen oder gemeinsam im Vorstand des Tennisclubs tätig sind, die Zeiten einer verbindlich mündlichen Kreditzusage sind vorbei. Im Regelfall kann heute kein Banker mehr einen Kredit alleine zusagen. Das schließen die in Basel II verankerten Vorschriften mit Ausnahme von Kleinbetragsregelungen aus. Eine mündliche Zusage in der Aufstellung bekommt vom kritischen Kreditanalysten sofort den Aufkleber „Risiko“. Vorsicht, die mündlich zugesicherte Kreditlinie könnte jederzeit zurückgezogen werden.

Fazit für Sie

Lassen Sie sich Kredite grundsätzlich schriftlich bestätigen. Prüfen Sie unverzüglich nach, ob die Bedingungen dem entsprechen, was vorher von Ihnen verhandelt wurde. Wenn sich der Banker mit einer schriftlichen Zusage ziert, ist es ein Indiz dafür, dass er seine internen Kompetenzen überschritten hat. Mündliche Zusagen und Nebenabreden haben keine rechtliche Bindungswirkung. Auf keinen Fall auf mündliche Zusagen/Nebenabreden verlassen. Sobald einem solchen Banker der verantwortliche Analyst oder spätestens die Revision auf die Schliche kommen, sind Sie der Leidtragende, weil die Kreditlinie plötzlich wegfällt.

4. Die kurzfristigen Kreditgeber werden ungleich behandelt

Ein Fehler, der häufig unwissentlich gemacht wird und schnell passiert ist. In guten Zeiten stolpern oft auch Banker über dieses Thema hinweg. Bei einem Unternehmen, das in wirtschaftliche Schwierigkeiten gerät, kann dieser Punkt verheerende Wirkungen auslösen. Ich bitte Sie, das eigene Kapitel „Gleichbehandlung“ sehr ernst zu nehmen.

Im vorliegenden Beispiel hat der Gesellschafter des Unternehmens der Bank A eine persönliche Bürgschaft gegeben und seinem Bankerkumpel bei Bank E, den er vom Stammtisch kennt, das Warenlager und den Maschinenpark sicherungsweise übereignet. Die anderen Banken B, C und D gehen dagegen leer aus. Sollten Sie die vorgenannten Sicherheiten wissentlich oder auch in Unkenntnis der Bedeutung der so genannten Ungleichbehandlung unterschlagen haben, ist gewaltiger Ärger schon vorprogrammiert. Sie haben nämlich im Verständnis der Banken die anderen kurzfristigen Geldgeber B, C und D ungleich, also unfair (!) behandelt. Entweder Sie bewegen Bank A und E zur Freigabe der Sicherheiten oder Sie geben B, C und D ebenfalls gleichwertige Sicherheiten und das wird schwierig.

Eine Sicherheit, die eine Bank einmal hat, gibt sie erfahrungsgemäß ungern wieder her. Schon gar nicht, wenn sich Ihre Umsatz- und Ergebniszahlen rückläufig entwickeln. Jetzt allen eine persönliche Bürgschaft zu geben, würde Ihr persönliches Risiko potenzieren. Es blieben nur noch die Forderungs- und Warenbestände. Dann ist aber bereits die gesamte Aktiva der Bilanz in Beschlag. Dem Unternehmen bliebe damit kein Bewegungsspielraum mehr; es könnte keine weiteren Sicherheiten mehr anbieten. Das wiederum müsste beim Rating berücksichtigt werden und wir bekämen dort wieder die Spirale schlechteren Ratings und höherer Zinsen.

Fazit für Sie

Achten Sie kleinlichst auf das Thema Gleichbehandlung. Häufig wird gegen dieses „Grundgesetz in der Beziehung zwischen Unternehmen und Bank" durch Bürgschaften des Unternehmers verstoßen. Der Unternehmer wird aufgrund eines aktuellen Engpasses von einer Bank unter Druck gesetzt. Es wird Kündigung angedroht, wenn nicht sofort eine persönliche Bürgschaft unterschrieben wird. Die Unterschrift soll ein vermeintliches Problem beheben. Über Kurz oder Lang löst es allerdings eine äußerst schädliche Kettenreaktion bei den anderen Banken aus, wenn diese auf die Bevorzugung einer Bank stoßen. Diese Bevorzugung wird übrigens von den Insidern mit dem Fachbegriff „Besserstellung" belegt.

5. Die Tilgungen werden nicht ordnungsgemäß erbracht.

Es fällt kaum auf, der aufmerksame Analyst sieht es sofort! Das langfristige Darlehen von ursprünglich einer Million Euro der Bank E ist jährlich um TEuro 200 zu tilgen. Der Darlehensbetrag wird deshalb jährlich um TEuro 200 reduziert. Im vorliegenden Fall auf TEuro 800; die Inanspruchnahme ist aber TEuro 900. Daraus ergibt sich für den Analysten die Interpretation, dass die Tilgungsleistung nicht ordnungsgemäß erbracht worden ist. Ein Alarmsignal ersten Ranges!

Das Unternehmen ist offenbar in Zahlungsverzug. In der Bankersprache wird dann von einer Leistungsstörung gesprochen. Im konkreten Fall ist das für die Bank E nicht so schlimm. Sie hat eine Grundschuld auf ein Privathaus. Sie dürfte relativ gut abgesichert sein. Zudem kann sie davon ausgehen, dass der bürgende Hauptgesellschafter alles daran setzen wird, auch in schwieriger Unternehmenssituation das Haus zu behalten. Im vorliegenden Fall kann sie sogar vorher ihr Einverständnis zur späteren restlichen Zahlung der Tilgungsrate erklärt haben (im Idealfall erfolgt diese Absprache zur temporären Tilgungsaussetzung zuvor und einvernehmlich).

Aber wie interpretieren das die Analysten der anderen Banken? Sie unterstellen zunächst den ungünstigen Fall, nämlich eine Leistungsstörung. Solche Störungen, also Zins- oder Tilgungsrückstände, sind für Banken ein Frühindikator für Kreditverluste. Das zieht das Unternehmensrating bei allen Banken gewaltig nach unten, die Kostenspirale kommt in Gang. Die Beschaffung neuer Kreditlinien wird dramatisch erschwert.

Hätten Sie in dem Muster „Bankenspiegel“ erkannt, wie es auf dem Dach des Unternehmens schon brennt? Wahrscheinlich nicht. Objektiv ist auch keine Gefahr im Verzug. Aber ein Bankenspiegel muss wie ein Schachbrett betrachtet werden. Der gute Schachspieler weiß im Voraus um die nächsten Züge des Gegners. So können Sie sich einen Analysten vorstellen. Er sieht bereits die nächsten Schritte.

Empfehlung eines Insiders

Bevor Sie Ihren Banken den neuesten Bankenspiegel übermitteln, sehen Sie die Aufstellung nochmals sehr kritisch durch. Sollten Sie nicht über die erforderliche Erfahrung verfügen oder sich nicht sicher sein, lassen Sie einen fachkundigen Berater und/oder Ihren Wirtschaftsprüfer/Steuerberater nochmals drüber sehen. Selbstver-

ständlich muss die Aufstellung wahrheitsgemäß sein, aber bis zur Abgabe haben Sie die Chance, die gefährlichsten Stolperfallen zu beseitigen. Die beschriebenen Schwachpunkte können Sie zusätzliches Geld in Form von höheren Zinsen kosten und generell Ihre Kreditwürdigkeit gefährden. Wenn die Unterlage einmal versandt ist, dann ist es zu spät. Bei nachträglichen Korrekturen wecken Sie auch den schläfrigsten Banker auf und zeigen mit ausgestrecktem Finger auf eventuelle Brandnester in Ihrem Bankspiegel.

Ihre Sicherheiten – für die Bank nichts wert?

Ob Sie Kredit bekommen, hängt von der Bonität (Rating) Ihres Unternehmens ab. Der Preis für Ihren Kredit wird ebenfalls stark von Ihrer Bonität bestimmt. Der Mechanismus ist daher relativ einfach. Gute Bonität bedeutet leichteren Zugang zu Krediten mit tendenziell günstigeren Konditionen. Ist die Bonität dagegen schwächer, ist der Zugang zu Krediten schwieriger und es wird tendenziell teurer.

In schwierigen Zeiten, in denen die meisten Unternehmen schlechtere Zahlen vorweisen und deshalb schwächere Bonitäten attestiert bekommen, löst die oben beschriebene Wirkungsweise eher Frust aus. Aber mit Sicherheiten lässt sich oft ein Ausweg finden. Basel II sieht nämlich für Unternehmen wie für Banken ein Belohnungssystem vor, wenn in Kreditverträge Sicherheiten eingebaut werden. Sicherheiten senken für die Bank die Risiken aus nicht ordnungsgemäß bezahlten Krediten. Dafür gibt es Belohnungen sowohl für den Kunden wie die Bank. Stellt der Kunde Sicherheiten, wird das Ausfallrisiko für den Kredit niedriger bewertet. Das wirkt sich wie bei einer Versicherung mit Selbstbehalt im Schadensfall mit einer niedrigeren Schadensquote aus. Die Bank profitiert davon, da sie für das Geschäft weniger Eigenkapital nachweisen muss. Die erfreuliche Konsequenz für den Unternehmer: Seine Kredite fallen zinsmäßig etwas günstiger aus. Dadurch gewinnen beide Seiten.

So sehen wir momentan einen generellen Trend zur häufigeren Vereinbarung von Sicherheiten. Bei kleineren Unternehmen und bei Krediten im sparkassen- und genossenschaftlichen Bereich war das auch früher schon so. Da stellten größere Bankinstitute eher noch das

Geschäftsmodell des Unternehmens und die Managementbefähigung in den Vordergrund.

Was können und was sollten Sie anbieten? Sehen wir uns dazu die wesentlichen Besicherungsmöglichkeiten an, die sich in sieben Schwerpunkte zusammenfassen lassen:

- Maschinen, Fahrzeuge, Betriebs- und Geschäftsausstattung
- Warenbestände
- Kundenforderungen
- Privat- und Geschäftsimmobilien
- Bank-, Bausparguthaben und Wertpapiere
- Lebensversicherungen
- Bürgschaften

Entscheidend für Sie als Unternehmer ist die Frage, mit welchem Wert die Sicherheiten bei der Bank angerechnet werden. Die Banken ermitteln dazu einen so genannten Beleihungswert. Dieser Wert orientiert sich am vorsichtig ermittelten Verkehrswert. Davon werden nochmals Sicherheitsabschläge vorgenommen.

Bei diesem Thema gibt es regelmäßig unterschiedliche Auffassungen zwischen Bank und Kreditnehmern. Schonen Sie Ihre Nerven und verschleißen Sie keine Kraft in der Diskussion über die Berechtigung der Wertansätze. Bankintern gibt es – leider unterschiedlich von Bank zu Bank – Regeln, mit welchen Werten bestimmte Sicherheiten anzurechnen sind. Davon können Ihre Gesprächspartner, die Kundenbetreuer bzw. die für die Risikoermittlung verantwortlichen Analysten in der Regel auch nicht abweichen.

Es gibt zu den Sicherheiten aber gewisse Erfahrungswerte, auf die ich im Folgenden eingehen möchte. In Klammern finden Sie jeweils die juristische Bezeichnung für das Vertragswerk.

- *Maschinen, Fahrzeuge, Betriebs- und Geschäftsausstattung (Sicherungsübereignung)*

  Bei neu angeschafften Maschinen und Fahrzeugen (Pkw/Lkw/Sonderfahrzeuge) kann man, wenn es dafür einen gängigen Markt gibt, mit etwa 30 bis 50 Prozent der Anschaffungspreise kalkulieren. Geht ein Modell schwer, zum Beispiel ein Pkw der Oberklasse, muss man mit entsprechend höheren Abschlägen rechnen. Gibt es dagegen für Fahrzeuge einen guten Markt, können die Abschläge auch geringer ausfallen, insbesondere, wenn eine Bank mehr Erfahrung mit der Verwertung von Fahrzeugen hat. Ähnlich ist es bei (Spezial-)Maschinen. Einrichtungen verlieren relativ schnell an Wert und sind gebraucht für andere Unternehmen wenig interessant. Deshalb werden sie nicht gerne als Sicherheit hereingenommen oder mit entsprechend hohen Abschlägen belegt.

- *Warenbestände (Sicherungsübereignung)*

  Warenbestände unterliegen – nach vorherigem Abzug des Eigentumsvorbehalts der Lieferanten – häufig relativ hohen Abschlägen. Es hängt dann auch stark von der Art und dem Markt der Ware ab. Bei Markenartikeln (Frage nach Markenrechten), Waren mit notwendig hoher Expertise bei der Verwertung oder Waren, die modischen Einflüssen unterliegen bzw. mit begrenzter Lebensdauer liegt die Anrechnung bei etwa 30 Prozent. Bei größeren Millionenbeträgen kann man mit speziellen Vertragskonstruktionen (borrowing base Verfahren) auch auf bis zu 75 Prozent des Beleihungswerts kommen.

- *Kundenforderungen (Abtretung)*

  Wenn es sich um bonitätsmäßig gute, abtretbare Kundenforderungen handelt, können so genannte Zessionen eine relativ attraktive Sicherheit sein. Da aber rechtliche Probleme bei der Verwertung eine Rolle spielen, hängt es stark von den Umständen des Einzelfalls ab, wie die Quote der Anrechnung ausfällt. Bei offenen Abtretungen, das heißt mit Offenlegung gegenüber dem Schuldner und kreditversicherten Forderungen, kann die Quote bis zu 75 Prozent reichen. Bei stillen Abtretungen und schwierigeren Forderungen oder einem nicht so guten Forderungsmanagement eines Unternehmens kann die Quote bis auf etwa 25 Prozent des unstrittigen Bestandes heruntergehen.

- *Privat- und Geschäftsimmobilien (Grundschuldeintrag)*

  Immobilien decken das gesamte Bewertungsspektrum von „hoch attraktiv“ bis „wertlos“ ab. Wohnimmobilien können mit sehr hohen Wertansätzen verbunden sein. Entscheidend ist zunächst eine gute Lage in einer attraktiven Region. Weiters ist die spezifisch gute Wohnlage, also die Mikrolage, entscheidend. In der Spitze können bis zu 80 Prozent der Beleihungswerte als Sicherheitenwert herangezogen werden.

  Bei Gewerbeimmobilien ist der Sachverhalt schon wesentlich schwieriger. Auch hier kommt es auf die Attraktivität der Region an und danach auf die alternativen Nutzungsmöglichkeiten der Pfandobjekte. Geht es zum Beispiel um eine Papierfabrik oder ein Aluminiumschmelzwerk in einer strukturschwachen Region, fallen enorme Wertabschläge an. Meist gibt es, von der Altlastenproblematik ganz abgesehen, nur wenige potenzielle Käufer, die für einen Erwerb in Betracht kämen. Anderweitige Nutzungen wären nicht oder nur mit enormen Kostenaufwand möglich. Solche Objekte sind wenig attraktiv für die Bank.

  Handelt es sich dagegen um eine solide gebaute Halle, die eine multifunktionale Nutzung zulässt und dann noch in einem infrastrukturell günstigen Gebiet liegt, sieht die Bewertung ganz anders aus. Die Anrechnung kann dann eine Spanne von 30 bis über 50 Prozent des Beleihungswertes ausmachen.

- *Bank-, Bausparguthaben und Wertpapiere (Verpfändung)*

  Bei diesen Sicherheiten handelt es sich um so genannte liquide Sicherheiten. Warum? Weil sich diese Werte schnell zu Geld machen lassen. Frei nach dem Motto: „Haben Sie Geld, dann bekommen Sie auch Kredit“. Man hört dann häufig den Vorwurf von Unternehmen, wenn sie Geld hätten, bräuchten sie doch keinen Kredit!

  Dennoch gibt es Situationen, in denen es Sinn machen kann, Bank-, Bausparverträge oder Wertpapierguthaben als Sicherheit zu verpfänden. Wenn die Anlagen beispielsweise sehr attraktiv verzinst, steueroptimiert oder länger befristet sind. Wenn sich die Anlagen leicht und ohne Risiko zu Geld machen lassen, sind Werte von 80 bis 100 Prozent als Sicherheitenansatz erreichbar. Geht es um die Beleihung von Aktien oder Fonds, sieht die Sache anders aus. Marktgängigkeit unterstellt, liegt man dann eher bei 50 Prozent und darunter. Handelt es sich aber um Schiffsfonds, Fonds zur Finanzierung von Flugzeugen oder Heizkraftwerken etc. bewegt man sich eher an der Null-Linie.

- *Lebensversicherungen (Abtretung)*
  Bei Lebensversicherungen mit Rückkaufswerten liegen die Beleihungsgrenzen sehr hoch. Das reicht von etwa 80 bis 100 Prozent. Wichtig ist es hier für Sie, vorher eine mögliche steuerschädliche Wirkung einer Abtretung von Lebensversicherungsansprüchen zu prüfen.

- *Bürgschaften*
  Persönliche Bürgschaften des Unternehmers oder die Aufnahme als Mithafter in das Kreditverhältnis können enorme Risiken und Nebenwirkungen beinhalten. Bei kleineren Unternehmen mit haftungsbeschränkten Rechtsformen sind die persönlichen Bürgschaften obligatorisch. Oft wird der Unternehmer alternativ als mithaftender Kreditnehmer aufgenommen, was auf das Gleiche hinausläuft. Hier geht es ans Eingemachte. Deshalb ist dem Thema ein separates Kapitel gewidmet, welches Sie vor einer Unterschrift unbedingt lesen sollten. So viel aber schon jetzt: Auch wenn der Bürge sehr vermögend ist, als Sicherheit wird sie nicht mit einem Wert angerechnet. Die Haftung eines guten Bürgen ist dennoch sehr relevant bei der Entscheidung über das Kreditrisiko.

Fazit für Sie:

- Sicherheiten sollten nicht zulasten der Existenzgrundlage des Unternehmers und seiner Familie gehen. Diesen Bereich sollten Sie abschirmen. Das heißt: Vorsicht bei persönlichen Bürgschaften. Altersversorgung unangetastet lassen, Geldanlagen für die Ausbildung der Kinder etc. sind ebenfalls tabu.

- Banken geben Sicherheiten ungern wieder frei. Deshalb vorher genau überlegen, welchem Institut Sie welche Sicherheiten wofür geben. Gegebenenfalls sollten Sie die Bedingungen für eine Freigabe von Sicherheiten mit Fristen gleich mit vereinbaren.

- Wenn Sie Sicherheiten zweckgebunden für einen speziellen Kredit, z.B. den Kauf einer Maschine, vereinbaren, werden diese bei vollständiger Rückzahlung automatisch wieder frei; das kann sich als sehr vorteilhaft erweisen.

- Wenn Sie mit mehreren Banken Kreditbeziehungen haben und Sicherheiten stellen, können Sie auf ein sehr heißes Pflaster geraten. Die Gefahr, sich in den nicht leicht verständlichen Vertragsbedingungen zu verheddern, ist groß. Bevor Sie deshalb einer weiteren Bank Sicherheit geben, immer erst prüfen, ob Sie damit nicht gegen bestehende Vereinbarungen mit den bisherigen Banken verstoßen. Die so genannte Gleichbehandlungsklausel in den Kreditverträgen ist von höchster Brisanz.

Glauben Sie nicht, Kreditinstitute hätten großen Ehrgeiz, Sicherheiten zu verwerten und Kunden in die Insolvenz zu treiben. Jede Verwertung ist mit großem Aufwand und interner Bürokratie verbunden. Am liebsten ist der Bank deshalb immer noch eine vereinbarungsgemäße Rückzahlung der Kredite.

Ihre Vermögensaufstellung – sind Show oder Understatement zu empfehlen?

Die Vermögensaufstellung ist ein Verzeichnis, das alle Vermögenswerte aber auch alle Verbindlichkeiten umfasst. Es ist eine Art private Bilanz. Insbesondere bei kleineren und mittleren Unternehmen dient sie dazu, neben der Bilanz der Firma selbst auch Aufschluss über das Umfeld, also die Person des Unternehmers zu erhalten. Falls der Unternehmer eine Bürgschaft für Kredite gegenüber der Bank geleistet oder seine Firma eine Rechtsform hat, aufgrund derer der Unternehmer ohnehin persönlich haftet, dann ist die Bank zunächst verpflichtet, sich über die Finanzlage des Unternehmers ein Bild zu machen. Dies gilt insbesondere bei einer Einzelfirma oder bei der Komplementärfunktion in der Kommanditgesellschaft.

Was beinhaltet nun eine Vermögensaufstellung? Im Wesentlichen geht es um die privaten Immobilien – gegebenenfalls auch die vom Ehepartner und den Kindern – und die dazugehörigen Verbindlichkeiten. In die Aufstellung gehören auch Geldanlagen wie Festgelder, Aktien, Fonds, Firmenbeteiligungen, aber auch Renten- und Lebensversicherungen. Dann gibt es die Frage nach Auslandsvermögen, so man das angeben kann und will und Kunstgegenstände. Damit Sie auch nichts vergessen, halten die Banken Vordrucke bereit.

Nicht immer mag man alles angeben. Manche Unternehmer lassen es bei dieser Gelegenheit krachen, um zu beeindrucken. Sie nennen Immobilienvermögen auf Mallorca in Millionenhöhe, wertvolle Oldtimer sowie Kunstgegenstände und Brillantschmuck ihr Eigen.

Bei aller Wahrheitsliebe, ich rate davon ab, mit Auslandsvermögen oder Kunstgegenständen, vor allem aber mit Oldtimer-Porsches zu protzen. Man muss keine Neider auf den Plan rufen. Die Bank lässt solche Werte bei der Substanzermittlung ohnehin unter den Tisch fallen. Wenn man nicht wild entschlossen ist, diese Werte in die Waagschale zu werfen, d.h. notfalls durch Veräußerung in die Firma einzuschießen oder als Sicherheit zu stellen, lieber dezent weglassen. Man kann diese Liebhaberwerte allenfalls am Rande erwähnen.

Viel wichtiger ist es, sämtliche Verbindlichkeiten in der Vermögensaufstellung aufzuführen. Da wird schon eher etwas vergessen. Nicht immer böswillig, aber wenn die Bank darauf kommt, gibt es einen Malus in Sachen Zuverlässigkeit und Vertrauenswürdigkeit. Kritische Falschinformationen bleiben im elektronischen Gedächtnis der Bank oder auch dem des Analysten sehr lange gespeichert. Meine Empfehlung: Bleiben Sie offen und ehrlich. Bei den Vermögenswerten lieber Understatement betreiben, bei den Verbindlichkeiten dagegen auch die vermeintlich unwichtigen und kleineren Positionen zusammentragen. Je schwächer die Eigenbonität der Firma ist, umso intensiver werden die Angaben von der Bank geprüft. Wenn Sie einen pflichtbewussten Kreditanalysten haben, geschieht dies zum Teil mit detektivischem Eifer. Sie sammeln Glaubwürdigkeitspunkte, wenn die Vermögenswerte auch aus der kritischen Sicht der Bank nicht überbewertet und alle Verbindlichkeiten sauber erfasst sind. Bei den Verbindlichkeiten ist auch an Verpflichtungen aus Leasingverträgen, Mietverträgen, Wechselverbindlichkeiten und Bürgschaften zu denken. Haben Sie als Unternehmer Bürgschaften an andere Banken gegeben für die eigene Firma oder auch für Verbindlichkeiten Dritter, dann schaltet die Ampel des Analysten auf Gelb. Derartige Verpflichtungen können Vermögenspositionen aushöhlen und werden kritisch gesehen.

Die Vermögensaufstellung können Sie ohne Weiteres selbst erstellen. Mit Ort, Datum und Unterschrift versehen wird sie meist ohne Einwendungen von den Banken akzeptiert. Der Aufstellung sollten Unterlagen beigefügt sein, welche die Eigentumsverhältnisse belegen und die Wertangaben bestätigen bzw. glaubhaft machen. Bei Immobilien sind das die aktuellen Grundbuchauszüge, die Brandversicherungsnachweise und Wertgutachten, soweit vorhanden. Bei Versicherungen sind es die aktuellen Policen mit den aktuellen Rückkaufswerten, bei Rentenversicherungen die Nachweise über die garantierten Rentenzahlungen, bei Geldanlagen die aktuellen Konto- und Depotauszüge.

Bei komplexen Vermögensaufstellungen kann es sinnvoll sein, sich von Beratern zuarbeiten zu lassen. Ein Testat durch einen Wirtschaftsprüfer / Steuerberater ist meist nicht erforderlich. Grund: Selbst wenn eine Vermögensaufstellung testiert ist, werden hinsichtlich der Wertansätze Einschränkungen gemacht. Denn die Wertangaben der Immobilienobjekte beruhen auf Unterlagen des Mandanten oder stützen sich auf vorliegende Gutachten von Sachverständigen oder Immobilienmaklern. Die Angemessenheit der Wertansätze war nicht Gegenstand der Prüfung. Im Klartext für die Bank: Die Werte sind selbst zu prüfen.

Zur Klarstellung: Ein Testat in der Bilanz hat einen ganz anderen Stellenwert. Testate klingen für den flüchtigen Leser immer gleich. Ein einziger Satz, womöglich nur ein einzelnes Wort, kann aber zu einem vollkommenen anderen Zungenschlag bei der Risikobewertung führen. Die Wirtschaftsprüfer und Steuerberater wissen um die Tragweite ihrer Testate. Deshalb feilen sie in schwierigen Fällen auch lange daran.

Berichte für die Bank (Reporting) – wie baue ich Vertrauen auf?

In einer Kreditbeziehung ist das Vertrauen zwischen Bank und Kunde sehr wichtig, und zwar in beide Richtungen. In dem gegenwärtigen wirtschaftlichen Umfeld ist Vertrauensbildung wahrlich nicht leicht. Die Banken sind mehr oder weniger stark angeschlagen, ändern permanent ihre Strategie, ziehen sich aus Regionen oder Märkten zurück und werden von der EU, der Politik und Staatsanwälten geprügelt. Immer mehr Kredite fallen durch Unternehmensinsolvenzen aus, wodurch Banken Milliardenbeträge verlieren. Gleichzeitig ist von Kreditklemme die Rede und nachdem so viel Geld beim Zocken verloren worden ist, erwartet die Wirtschaft und die Politik, dass Unternehmen mit Krediten unterstützt werden.

Das Unternehmerlager steht ebenso unter Druck. Umsätze und Aufträge, die eingebrochen sind, schwierige Märkte, steigende oder volatile Rohstoffpreise, hohe Arbeitskosten und gleichzeitig die Sorge, qualifizierte Mitarbeiter zu verlieren. Mit diesem Stimmungsbild fallen Kreditsorgen zusammen. Die Liquidität ist verbraucht, Waren und Forderungen sind auf ein Minimum heruntergefahren und die Bonität ist mit dem aktuellsten Jahresabschluss auch nicht mehr annähernd so gut wie sie früher war. Für die Aufstockung der Warenbestände und die Finanzierung neuer Aufträge werden Kreditlinien gebraucht, aber woher soll man sie bekommen?

Jetzt brauchen Sie als Unternehmer Banken und Sie brauchen Banker, die Sie kennen und Ihnen vertrauen. Wenn Sie langjährige Hausbankbeziehungen haben und Sie als zuverlässiger Kunde bekannt sind, haben Sie eine gute Ausgangsbasis. Haben Sie keine Hausbanken (mehr) und müssen Vertrauen mit einem neuen Institut aufbauen, wird das ein schwieriges Unterfangen. Vertrauen durch Reporting bedingt eine gewisse Zeit, bis es sich entwickeln kann.

Worum geht es beim Reporting? Es geht um ein regelmäßiges Berichtswesen, das Sie als Unternehmer gegenüber der Bank haben oder einrichten sollten. Umfang der Berichte und der damit eingereichten Unterlagen sowie die Häufigkeit folgt einer einfachen Logik. Je größer das Unternehmen, desto umfangreicher die Unterlagen und kürzer der Rhythmus der Vorlage. Für die Bonität gilt: Je schlechter die Unternehmensbonität, desto höher die Anforderungen an Ihre Berichte. Fallen zwei Problempunkte zusammen, beispielsweise ein Großunternehmen in schwieriger wirtschaftlicher Situation, werden in der Regel monatlich umfangreiche Zahlen- und Berichtspaket abzuliefern sein. Handelt es sich um eine gute Firma, reduzieren sich Umfang und Rhythmus entsprechend.

Bei einem Mittelständler von zum Beispiel 25 Mio Euro Umsatzerlösen im Jahr mit durchschnittlicher Bonität können sich quartalsweise Berichte, gestützt auf die betriebswirtschaftlichen

Auswertungen, die Aufstellung der Auftragseingänge und -bestände und eine rollierende Finanzplanung durchaus als ausreichend erweisen.

Sollten Sie noch kein Berichtswesen für die Bank(en) installiert haben, empfehle ich Ihnen, ein solches nach Absprache mit Ihrem Kundenbetreuer zügig aufzubauen. Der Kundenbetreuer sollte sinnvollerweise den für Ihr Kreditengagement zuständigen Analysten konsultiert haben, damit dessen Vorstellungen gleich eingebaut werden können.

Vertrauen durch Reporting verfolgt nachstehende Zielsetzungen:

Information

Die Bank ist immer up to date. Das verschafft ein gutes Gefühl. Häufig ist es so, dass auf die Unterlagen – so sie überhaupt in der Akte landen – nur ein kurzer Blick geworfen wird. Schlicht durch die Regelmäßigkeit des Reportings entsteht eine positive Affinität zu Ihrer Firma. Sie werden bauchmäßig mit Adjektiven belegt wie zuverlässig, aktuell, normal.

Sicherheit

Ihr Kundenberater – und noch mehr Ihr Kreditanalyst – haben aus langjähriger Erfahrung Angst vor negativen Überraschungen und Fehlern. Je später Bilanzen und Zwischenzahlen von einem Unternehmen vorgelegt werden, umso höher die Gefahr, dass sie negative Überraschungen beinhalten. Mit so einem Gefühl kann der Banker nicht gut schlafen. Er möchte gut schlafen und das kann er, wenn er seiner Verpflichtung gerecht wird, Ihr Kreditrisiko „zeitnah“, wie es im Bankendeutsch heißt, im Griff zu haben. Eine zeitnahe Einreichung von Unterlagen führt zwar nicht immer zu einem guten Schlaf, weil die Zahlen ja auch einmal schlechter ausfallen können, zumindest aber können Betreuer und Analyst ein gutes Gewissen haben. Sie haben nämlich die regelmäßige Vorlage der Unterlagen nicht aus dem Auge verloren und zumindest insofern die Auflage erfüllt.

Zuverlässigkeit

Auch Zuverlässigkeit beruhigt. Ein verlässlicher Partner schafft ein gutes Gefühl. Jeder engagierte Banker geht abends mit Sorgenthemen nach Hause. Vor allem beim Analysten läuft eine permanente Radarpeilung. Was machen die Kunden, bei denen ich für das Risiko verantwortlich bin? Jeder hat seine Unternehmen im Kopf, bei denen es zum Beispiel wegen der Branche Probleme geben könnte. Auch den Chefanalysten plagen im gegenwärtigen Umfeld viele Sorgen. Rohstoffpreise und Währungskurse ändern sich, Branchen kommen unter die Räder. So steht er plötzlich vor dem Tisch seiner Analysten und fragt: „Sie haben doch Kunden in dieser oder jener Branche. Wie sieht es da aus? Bekommen Sie regelmäßig die Zahlen vom Kunden? Haben Sie alles unter Kontrolle? Werden zuverlässige Zwischenzahlen geliefert? Haben wir genügend Sicherheiten im Fall XY oder könnten wir Geld verlieren, wenn die Zahlen schlecht sein sollten?" Da möchte der gute Analyst wie aus der Pistole geschossen antworten können: „Zwischenzahlen und Berichte gehen zuverlässig ein, ich habe sie auf Plausibilität geprüft; es ist alles in Ordnung." Und schon verschwindet das Unternehmen wieder auf dem Radarschirm des Chefanalysten. Die Zuverlässigkeit beim Reporting hat sich bewährt.

Erfahrungsbericht

Als ich als junger Analyst im Risikomanagement tätig war, befiel mich bei einem Mittelständler, der eigentlich gute Bilanzzahlen hatte, ein schlechtes Gefühl. Es war alles im Vergleich zur Marktsituation zu schön. Obwohl die ganze Branche über Absatzprobleme klagte, zeigte das Reporting des Kunden gute Umsätze und einen niedrigen Warenbestand. Die vom Finanzchef vorgelegten Unterlagen waren aber nicht plausibel.

Das nahm ich zum Anlass, den Kunden unangekündigt zu besuchen, um einen Blick auf die Warenbestände zu werfen. Ergebnis: Die Firma hatte keine Gelegenheit mehr, die Staubschichten von den Regalen mit den Ladenhütern wegzuwischen. Die Firma hatte massive Absatzprobleme. Diese wollte sie der Bank gegenüber vertuschen, um sich den Kredit zu erhalten und günstige Konditionen zu sichern. Wie soll man so einem Unternehmen in der Zukunft noch vertrauen? Mit dieser Art von Reporting sägt ein Unternehmen auf dem Ast, auf dem es sitzt.

Prognosequalität

Bis hierher war alles recht einfach. Sie müssen den Eindruck gewonnen haben, alles sei nur ein formaler Akt. Bei der Mehrheit der Fälle ist das tatsächlich zutreffend. Aber wehe, Ihre Bonität ist schlechter oder es gab/gibt Leistungsstörungen (Zahlungsrückstände oder Überziehungen) oder Irritationen infolge früherer Abweichungen bei Ihren Angaben. Dann macht der Analyst, wie seine Funktionsbezeichnung schon sagt, eine Analyse. Er vergleicht Aussagen, die Sie früher in Ihren Prognosen getroffen haben und ermittelt die aktuellen Trefferquoten. Abweichungen sind natürlich schon zulässig, sonst könnten Sie Ihr Geld ja gleich als Wahrsager verdienen. Die Abweichungen sollten sich jedoch im normalen Rahmen von Prognoseabweichungen bewegen. Wenn ein Meteorologe das Wetter für den kommenden dritten Tag mit sonnig prognostiziert und es regnet den ganzen Tag in Strömen, dann muss er schon eine sehr gute Erklärung für die Prognoseabweichung haben, um noch glaubwürdig zu bleiben. Zugegeben: Durch die Finanzkrise hat es viele Branchen schwer erwischt. Da lagen alle kräftig mit ihren Prognosen daneben. Bei extremen Situationen dürfen Sie aber auch mit Nachsicht rechnen. Die zentrale Botschaft lautet: Wenn es nennenswerte Abweichungen gibt, ist das, wenn es nur einmal passiert und gut erklärt werden kann, nicht so dramatisch. Passiert es häufiger oder gar regelmäßig, sind Ihre Unterlagen Makulatur. Keiner in der Bank nimmt Sie ernst, Ihr Reporting verliert massiv an Vertrauen und Ihre Reputation geht bergab.

Fazit für Sie

Sie sollten sich die Mühe machen, sich mit einem guten Reporting auszuzeichnen. Über die Zeit bauen Sie damit Vertrauen auf. Wenn die wirtschaftlichen Zeiten turbulent sind, haben Zahlen immer weniger Aussagekraft. Dann geht es um das Bauchgefühl, um Vertrauen. Ein dickes Vertrauenskonto ist im Notfall hilfreich. Es gibt noch einen Nebeneffekt. Haben Sie ein straffes Reporting und legen Sie die Zahlen pünktlich zu den vereinbarten Stichtagen vor, sind die Trefferquoten bei den Prognosen hoch oder bei Abweichungen glaubhaft begründet, dann sammeln Sie eine Reihe von Bonuspunkten beim Rating. Das gilt für die quantitative wie auch die qualitative Analyse. Das heißt, Sie profitieren bei der Bewertung Ihrer Zahlen an sich wie bei den weichen Fakto-

ren, wo Sie „Fleißpunkte" unter der Rubrik Management bekommen. Fleißpunkte für Zuverlässigkeit, Professionalität, Glaubwürdigkeit. Gerade bei schwächerer Bonität können ein paar Fleißpunkte viel bewirken, wenn Sie sich damit in ein etwas besseres Ratingsegment retten können. Es ist dann so ähnlich wie beim Sport. Ist zum Saisonende der Punktestand der Vereine gleich, können die erzielten Tore das letzte Quentchen für den Klassenerhalt bewirken.

Businesspläne – Beschäftigungstherapie für Theoretiker?

Am Anfang von Kreditverhandlungen stehen meist Businesspläne. Mehr oder weniger dicke Bücher mit Zahlen, Daten und Fakten. Bei Existenzgründern sind sie geradezu obligatorisch, obwohl deren Pläne häufig auf dünnstem Eis stehen. Bei Mittelständlern werden sie bei größeren Investitionen, dem Eintritt in neue Märkte oder bei der Übernahme eines Wettbewerbers aufgestellt.

Es geht bei Businessplänen darum, die Wirkungen einer unternehmerischen Maßnahme, zum Beispiel einer Großinvestition, in all ihren denkbaren Facetten durchzurechnen und abzubilden. Wie wirkt sich eine solche Investition auf die Bilanz aus? Wie verändert sich dadurch das Eigenkapital, wird womöglich die Einhaltung von Kreditauflagen (Covenants) erschwert? Und werfen die Umsätze genügend ab, um den zusätzlichen Finanzierungsaufwand zu erwirtschaften? Diese Überlegungen werden auf Basis unterschiedlicher Annahmen durchgerechnet. Man spricht dann auch von *business-case-Szenarien*.

Was meint der Banker, wenn er von Szenarien spricht? Vor allem die Kreditanalysten müssen bei Risikoentscheidungen beleuchten, was dem Unternehmen bei einer sehr ungünstigen Entwicklung passieren könnte. Sie sprechen dann von einem so genannten *worst-case-Szenario*, dem größtmöglich anzunehmenden Unfall. Natürlich geht es nicht nur um die Firma, sondern auch um die Bank. Wie würde sich dieser *worst-case* in der Risikosituation auf die Bank auswirken? Das heißt, wie hoch ist die Wahrscheinlichkeit, dass der Kredit zurückbezahlt wird?

Auf dem *best-case* wird natürlich weniger herumgehackt. Der *best-case* würde zum Beispiel unterstellen, dass die Investition in eine neue Maschine, welche die Bank finanziert, großen Erfolg bringt. Der Bedarf für das Produkt entwickelt sich immens, die Maschine läuft im Dreischichtbetrieb und alles funktioniert makellos.

Ein schönes Märchen, mit dem sich der Kreditanalyst nicht lange aufhält. Dazwischen gibt es den *most-realistic-case*. Gestritten wird zwischen Vertrieb (Kundenbetreuer) und dem Risikomanagement (Kreditanalyst) bei der Kreditentscheidung häufig um den *worst-case*. Das Szenario wird in der Kreditvorlage für den Entscheider oder das Entscheidungsgremium dargelegt und eine Risikoabwägung vorgenommen. Hier hat der Analyst sprichwörtlich die graue Brille auf. Er sieht hinter jedem Busch Gefahren lauern. Die neue Maschine bekommt nach Installation aus seiner Sicht technische Probleme, der Absatz entwickelt sich nicht annähernd so gut wie geplant, nach Verkauf treten Qualitätsmängel bei den produzierten Waren auf und es kommt zu Rückrufaktionen. So sehen die Überlegungen aus, die ein Analyst aufgrund seiner Aufgabenstellung durchrechnen muss.

Der Firmenkundenbetreuer will die Finanzierung und das Geschäft mit dem Kunden natürlich machen. Er hat die rosarote Brille auf, schildert die Investitionen in blühenden Farben und aus Erfahrung kann ich sagen, es wird manchmal gestritten, was das Zeug hält. Wenn es solche unterschiedlichen Auffassungen zwischen Markt und Marktfolge gibt und keine Einigung erzielt wird, spricht der Insider von einem Dissens. Der strittige Kreditantrag wird sodann auf nächst höherer Stufe entschieden, meist von einem Gremium.

Um die Businesspläne wird manchmal etwas zu viel Bohei gemacht. Natürlich muss eine Firma bei einer sehr großen Investition die Vor- und Nachteile sauber durchrechnen. Bei so genannten strukturierten Finanzierungen, die sich in der Regel im zweistelligen Millionenbereich bewegen, sind sie deshalb obligatorisch. Es gibt aber auch viele zunächst geforderte Businesspläne, die in der Ecke verstauben.

Dank Excel ist es heute kein Problem, dicke Businessplanbücher zu produzieren. Den *most-realistic-case* beispielsweise einmal mit Faktor

0,7 und einmal mit Faktor 1,3 gerechnet, ergibt wunderbare *best-* und *worst-case-Szenarien*, die rechnerisch hundertprozentig stimmen.

Aber Vorsicht: das wäre zu kurz gesprungen. Wenn der Analyst den Businessplan liest, will er vor allem eines haben: ein gutes Gefühl. Die Kollegen haben tagtäglich Businesspläne auf dem Tisch und einen Instinkt für Schwachstellen entwickelt. Ähnlich einem Drogenfahnder, der durch Intuition die für ihn richtigen Fahrzeuge am Grenzübergang herausfischt.

Wenn also ein Analyst diagonal über die Zahlenkolonnen fliegt, müssen die Rechenannahmen plausibel sein. Es empfiehlt sich deshalb, die Planungsannahmen gleich mit offenzulegen. Wenn der Banker Stichproben macht, muss sich zeigen, dass sich die Firma bei der Erstellung des Businessplans auch in Einzelpositionen Gedanken gemacht, die Konsequenzen überlegt und verschiedene Wahrscheinlichkeiten ins Kalkül gezogen hat. Daran erkennt der Analyst einen kritisch abwägenden Unternehmer. Wenn Sie einem Banker einen Businessplan vorlegen, sollten Sie diese zentrale Erwartungshaltung erfüllen. Dies gilt insbesondere auch bei Businessplänen von Existenzgründern. Bei ihnen kommt es meist anders, als es der Plan vorsah, das weiß jeder fachkundige Leser. Aber mit dem Businessplan eines Existenzgründers wird der Beweis geführt: Jawohl, ich bin mir der Risiken bewusst, ich habe alles abgewogen und weiß um die Entwicklungen, die schlimmstenfalls möglich sind.

Empfehlungen eines Insiders

Der Kreditanalyst stellt Ihren Businessplan auf den Prüfstand. Wie intensiv das ablaufen wird, hängt von den Umständen des Einzelfalls ab. Von daher sollten Sie beim Kundenbetreuer im Vorfeld sondieren, was von Ihnen erwartet wird.

Ihr Kundenbetreuer muss in der bankinternen Entscheidungsfindung Ihren Businessplan gegenüber der Marktfolge (dem Analysten) verteidigen können. Dies bedeutet, er muss Ihre Sache kompetent, kampfeslustig und bestens präpariert vertreten. Er muss die Beweisführung antreten, das worst-case-Szenario wird bei Ihrer Firma nicht Realität werden. Präparieren Sie Ihren Kundenbetreuer entsprechend. Spielen Sie die Szenarien gemeinsam

durch, damit er wirklich sattelfest ist. Fällt er durch, bekommen Sie womöglich keine zweite Chance.

Wenn Sie einen Businessplan abliefern, den Ihr Betreuer nicht oder nur mit Mühe versteht, weil er kompliziert aufgezogen ist, haben Sie niemanden, der im bankinternen Streitgespräch Ihre Fahne hochhält. Ihr Kundenbetreuer wird dann nicht den Mut haben, überhaupt für Sie anzutreten.

Zukunftsfähigkeit Ihres Unternehmens – fabulieren oder argumentieren?

Die Finanz- und Wirtschaftskrise hat bei vielen Unternehmen in den Abschlüssen 2009 enorme Schleifspuren hinterlassen. Das zeigt nachhaltige Wirkungen auf die Unternehmensratings. Die Anforderungen der Banken an die Kunden steigen deshalb in Richtung mehr Transparenz, mehr Sicherheiten und höhere Risikoprämien (Bestandteil der Zinsen). Damit aber nicht genug. Aus vergangenen Krisen wissen wir, die Aufschwung-Phase fordert die meisten Opfer, weil die Firmen finanziell ausgeblutet sind und keine Kredite mehr bekommen. Die Spreu trennt sich vom Weizen. Gute Unternehmen schaffen den Wiederaufstieg, zu sehr geschwächte Unternehmen gehen zu Grunde.

In diesem schmerzlichen Ausleseprozess spielen die Gläubiger von Unternehmern, insbesondere die Kreditgeber, eine wesentliche Rolle. Eine Rolle, die aufgrund der ungewöhnlich massiven Wirkungen der Finanz- und Wirtschaftskrise mit besonders hohen und neuen Anforderungen verbunden ist. Die Unternehmen haben in der Breite schwächere Ratings. Wie kann ein fairer Ausleseprozess erfolgen? Hier kommt die Zukunftsfähigkeit ins Spiel. Wenn ein Unternehmen ein schlechtes Rating hat, keine Sicherheiten mehr verfügbar, aber neue Finanzierungen für den Aufschwung erforderlich sind, dann geht es um die Zukunftsfähigkeit. Sie ist die letzte Bastion des Unternehmens. Sie ist das letzte risikorelevante Kriterium, durch das das Unternehmen sich gegenüber dem ebenfalls kreditsuchenden Wettbewerb differenzieren kann.

Zukunftsfähigkeit in diesem Zusammenhang sagt aus, wie die Zukunftserwartung eines kreditsuchenden Unternehmens bei den Themen

- Innovationsfähigkeit
- Marktpositionierung
- Potenzial zur Erschließung neuer Märkte
- Wettbewerbsumfeld und
- Kostenflexibilität

eingeschätzt werden kann. Der Insider spricht dann von der Tragfähigkeit eines Geschäftsmodells.

Zukunftsfähigkeit bedeutet aber auch, sich gegen schwer zu quantifizierende Risiken sturmfest zu machen. Gemeint sind Risiken aus Preisveränderungen bei Rohstoffen, Währungen und Zinsen. Ein enormer Anstieg der Preise (z.B. bei Öl oder Industriemetallen) oder auch starke Schwankungen können die schönste Kalkulation zunichte machen. Absichern gegen derartige Risiken kann man sich durch die teils zu unrecht in Verruf geratenen Derivate. Solange man solche Derivate nicht spekulativ einsetzt, machen sie Sinn. Sie wirken dann wie eine Kfz-Versicherung mit Selbstbeteiligung. Laufen Rohstoffpreise, Währungen oder Zinsen aus Ihrer Sicht schief, greift die Versicherung. Ihre Kosten beschränken sich bildhaft gesprochen auf Ihre Versicherungsprämie und im Schadensfall auf Ihre Selbstbeteiligung. Vom *worst-case* bleiben Sie verschont. Läuft dagegen alles gut, dann können Sie Ihre Geschäfte mit den vorher kalkulierten Bedingungen zum Abschluss bringen. Die Kosten der Absicherungen waren dann wie eine Kfz-Versicherungsprämie der Preis für guten Schlaf. Warnen möchte ich an dieser Stelle vor Derivaten mit Hebelfunktion(en). Diese beinhalten erhebliche Risiken, die teils nur vom Profi richtig beurteilt werden können. Nicht selten tappt die Unternehmung in eine Falle und die Derivate lösen genau den entgegengesetzten Effekt aus, wofür sie eigentlich gedacht sind. Dann potenzieren sich die Risiken bzw. Kosten. Das bedeutet für Sie: Mit einem Derivat sollten Sie ein Mehr an Sicherheit für Ihre Kalkulation erhalten. Also Risiken abschirmen und nicht potenzieren. Finger weg von der Spekulation mit Derivaten. Gehen Sie, wenn es denn sein muss, lieber in die Spielbank, das macht mehr Spaß.

Fazit für Sie

Insbesondere bei größeren Krediten, bonitätsmäßig schwachen Firmen und in sehr schwierigen Branchen werden sich die Banken die Zukunftsfähigkeit der Unternehmen genau ansehen. Fallen Sie unter diese Kategorie, sollten Sie sich sehr gut vorbereiten und im Rahmen einer kritischen Stärken-Schwächen-Analyse mit vorgenannten Themen tiefschürfend auseinandersetzen. Am besten alles in einer griffigen Dokumentation präsentieren. Da es ans Eigemachte geht, gilt es, die Zukunftsfähigkeit des Unternehmens mit hoher Beweis- und Überzeugungskraft zu vertreten.

Empfehlungen eines Insiders

Der Begriff Zukunftsfähigkeit kommt Ihnen vermutlich auch etwas schwammig und wenig bedrohlich vor. Ich kann Sie nur warnen. Dahinter verbirgt sich ein Wolf im Schafspelz. Wenn Ihre Zukunftsfähigkeit als letztes zentrales Element für die Risikobewertung einer Bank den Ausschlag gibt, dann geht es um die Unternehmensexistenz. Ohne gesicherte Finanzierung keine Zukunft. Bildlich gesprochen geht es zum Leistungstest in den Boxring. Da kann man k.o. gehen.

Geheimnisvolle Datensammler – wie gläsern sind Sie und Ihr Unternehmen?

Geheimdossiers über Ihre Firma – wissen Sie, was drin steht?

Noch vor wenigen Jahren war es im Rahmen der Bonitätsprüfung eines Unternehmens ein schwieriges Unterfangen, ergänzend zu den vom Unternehmen selbst vorgelegten Unterlagen etwas über diese Firma herauszubekommen. Dies galt vor allem dann, wenn die Bank nicht am Ort oder in der Region des Kunden ansässig war. Was ist dann passiert? Der Kreditsachbearbeiter besorgte sich die Handelsregisterauszüge und mit dem Einverständnis des Kunden die Grundbuchauszüge. Dann wurden noch ein bis zwei Auskünfte von Auskunfteien eingeholt. Vorausgesetzt, man hatte gute Kontakte zu Verbänden, Politik und der Branche, konnte man das Bild noch etwas abrunden. Das Ergebnis war die Basis für die Risikobeurteilung, bei der naturgemäß viele weiße Flecken verblieben.

Die gewerbsmäßigen Auskunfteien, die in diesem Stadium häufig im Nebel stocherten, arbeiteten mit Hochdruck an der Beseitigung der verbliebenen weißen Flecken. Ursprünglich waren sie besonders auf die Selbstbefragung der Unternehmen und die Auskünfte von deren Geschäftspartnern, Mitarbeitern und Nachbarn gestützt. Die Auskunfteien griffen zudem auf Telefon-, Branchen- und Adressbücher sowie auf Veröffentlichungen der Handelsregistergerichte und der Amtsgerichte (Schuldnerverzeichnisse) zu. Hinweise von Kreditversicherern und Inkassobüros waren weitere Informationsquellen. Lediglich bei der Recherche der Eigentumsverhältnisse von Immobilien waren und sind der Neugier der Auskunfteien Grenzen gesetzt. Dies deshalb, weil ohne Einverständnis des Eigentümers das Grundbuch nicht mehr eingesehen werden kann. Eine Ausnahme gibt es hier bei Banken. Wenn eine Bank als Gläubigerin im Grundbuch, z.B. mit einer Grundschuld, eingetragen ist, dann braucht sie keine gesonderte Zustimmung vom Eigentümer einholen.

Den Durchbruch brachte für Auskunfteien das Internet. Die Möglichkeiten der Onlinerecherche und die enorme Fülle an verfügbaren Daten führten in eine neue Liga. Es ist immer wieder erstaunlich, in welcher Qualität und enorm hoher Geschwindigkeit man an erstklassige Informationen über Firmen und deren Management herankommt. Jedem Unternehmer muss klar sein, dass diese Informationen über verschiedene Faktoren auf das Rating einwirken. Der Insider spricht von den qualitativen Einflussgrößen. Das sind zum Beispiel die Managementqualität, die Marktsituation oder das Produktumfeld. Dies im Gegensatz zu den quantitativen Faktoren, den Jahresabschlüssen und den ergänzenden Zahlen eines Unternehmens.

Die einfachste Informationsquelle ist die Homepage der Firma. Dort kann man sich das Management, Märkte und Produkte, Philosophie, Standorte, Kundenfreundlichkeit, Innovation, Unternehmensstil etc. ansehen. So entsteht ein Bild, mit dem man als Firma Malus- oder Bonuspunkte sammeln kann. Es gibt Internetauftritte, die eine exzellente Visitenkarte für das Unternehmen abgeben. Bei anderen fragt man sich, ob dem Unternehmer klar ist, welches unvorteilhaftes Erscheinungsbild er nicht nur bei Kunden und Geschäftspartnern, sondern auch bei seinen Bankern vermittelt.

Artikel in der Presse, in Fachmagazinen, die Wahrnehmung als Arbeitgeber in einer Region, die gesellschaftliche Präsenz des Unternehmers und des Managements, der Marketingauftritt, Ehrenämter in Verbänden etc. lassen sich schnell recherchieren und prägen das Image, und damit die Risikobewertung des Unternehmens, positiv oder negativ.

Sind in den für die Kreditprüfung eingereichten Unterlagen Darstellungen des Marktes, des Wettbewerbes oder der technischen Produktführerschaft, lässt sich das genauso in kürzester Zeit auf

Richtigkeit überprüfen. Auch öffentlich gewordene Zahlungsstörungen, Lieferschwierigkeiten, Kurzarbeit, Häufung von Arbeitsgerichtsprozessen, Patentrechtsverletzungen, dies sind alles risikorelevante Informationen. Der Kreditanalyst nimmt entsprechend positive oder negative Bewertungen beim Rating vor. Der große Nachteil des Internets: Sind die Daten einmal publik, sind sie meist nicht mehr zu löschen. Sie sind in das öffentlich zugängliche Gedächtnis eingebrannt und können insbesondere bei negativen Aspekten viele Jahre nachwirken.

Nach meinem Eindruck wird bei vielen Unternehmern die Fülle der Informationen, die über sie zur Verfügung stehen, unterschätzt. Umso mehr sollte man die Informationen, die man selbst steuern kann, unter diesem Gesichtspunkt betrachten. Wie ist also die Wirkung der Homepage des Unternehmens, die Darstellung des Managements bei Xing, Facebook, Twitter & Co., wie taucht das Unternehmen in der Fach- und sonstigen Presse auf. Wie wirkt man als Arbeitgeber, wird der Umweltschutz ernstgenommen? Auf welchen Politik-, Verbands-, Ehrenamts- und sonstigen Plattformen tritt das Unternehmen auf und wie ist die Wirkung der Menschen, die das Bild nach außen bestimmen? Hier kann man vieles durch Eigeninitiative gestalten, was dem Unternehmer nicht nur beim Rating zugute kommt.

Die Veröffentlichung von Informationen bedeutet eine schwierige Abwägung. Diejenigen, welche auf die Daten zugreifen, haben ganz unterschiedliche Interessenslagen. Ist es eine Bank, ein Wettbewerber, das Finanzamt oder gar ein kriminelles Element. Was die Bank angeht, so sollte Ihnen bewusst sein, dass jede Information, die Sie nicht geben, negativ auf Ihre Krediterfolgsaussichten oder über ein schwächeres Rating zinserhöhend wirken kann. Der Analyst, der die Risikoentscheidung zu treffen und Ihr Unternehmensrating festzulegen hat, bleibt grundsätzlich auf der vorsichtigen Seite. Hier gilt der umgekehrte Ansatz wie im Strafrecht, der da lautet: „Bis zum Beweis des Gegenteils gilt die Unschuldsvermutung“. Alles was der Analyst nicht weiß, wird bei Zweifeln negativ bewertet.

Natürlich können Sie Unterlagen noch immer individuell nach Ihren Vorstellungen der Bank zugänglich machen, sozusagen über die Lesergruppe selbst befinden. Womöglich werden Sie aber gar nicht extra nach bestimmten Informationen gefragt, weil der Analyst aufgrund seiner eigenen Recherchen bereits über Ihren Kreditantrag entschieden hat. Dies sind dann jene Vorgänge, bei denen Sie sich womöglich nicht erklären können, weshalb ein Geschäft nicht oder nicht zu guten Bedingungen zustande gekommen ist. Der beschriebene Mechanismus könnte dafür ursächlich sein. Vor allem kleinere Unternehmen oder Existenzgründer stehen damit vor einer Mauer des Schweigens. Niemand erklärt dem Jungunternehmer, wie die „heimlichen" Codes funktionieren.

Empfehlung eines Insiders

Am 01. April 2010 ist eine Novelle zum Bundesdatenschutzgesetz in Kraft getreten. Die Verbraucherrechte werden damit gestärkt. Als Betroffener hat man mit seinen Auskunfts- und Widerspruchsrechten eine deutlich bessere Position. Neu ist auch das Recht des Verbrauchers, einmal im Jahr von den Auskunfteien in Deutschland eine für ihn kostenlose schriftliche Aufstellung der gespeicherten Daten anfordern zu können. Von diesem Recht sollten Sie Gebrauch machen und von den wesentlichen Auskunfteien Ihre Daten abfragen. Ich habe es getestet und kann Ihnen sagen, Sie werden überrascht sein, was alles über Sie gespeichert ist.

Wer sind die wichtigsten, dezent im Hintergrund arbeitenden professionellen Datensammler?

Die Schufa, die Auskunfteien und das Unternehmensregister.

Diese drei Informationsquellen werden selbstverständlich auch von Banken mehr oder weniger intensiv für die Risikoeinschätzung von Unternehmen herangezogen. Aus diesem Grund habe ich diesen Datensammelstellen je ein eigenes Kapitel gewidmet. Dort ist die Vorgehensweise bei der Informationsbeschaffung und die Wirkungsweise der Daten auf die Kreditwürdigkeit von Unternehmen beschrieben.

Fazit für Sie

Als Faustregel kann man sagen, je kleiner ein Unternehmen umso höher das Gewicht von extern zugänglichen Informationen. Das gilt vor allem, wenn sie negativ sind. Es hat ja auch eine entsprechende Logik. Ein Existenzgründer, ein Jungunternehmer oder ein kleines, überwiegend lokal oder regional arbeitendes Unternehmen kann keine großartigen Bilanzzahlen, umfangreiche Unterlagen oder Referenzen für langjährigen geschäftlichen Erfolg vorlegen. Also versucht die Bank aus zusätzlichen Quellen etwas herauszubekommen und das wirkt dann über so genannte Scoring-Modelle auf die Bewertung des Unternehmensratings ein. Für kleinere Kunden läuft bei Banken vieles systemgesteuert. Über einen Kreditwunsch wird deshalb womöglich nach negativem Ergebnis der Datenrecherche gleich direkt von einem System entschieden, die Kreditablehnung automatisch vom Computer an die kreditsuchende Firma versandt.

Schufareport – vermeidbarer Fleck auf weißer (Unternehmer-) Weste?

Die Schufa, ein Unternehmen, das polarisiert. Für die einen ist es der Inbegriff des großen Bruders. Ein geheimnisvolles Datenmoster mit Monopolstellung in Deutschland. Für die anderen eine unentbehrliche Basis für ihr Geschäftsmodell, das ohne Schufa nicht funktionieren würde.

Haben Sie sich nicht schon gefragt, warum Bestellungen beim Versand- oder Internethändler so problemlos auch gegen Rechnung funktionieren, obwohl Sie noch nie dort bestellt haben? Warum kann der Teilzahlungskredit gleich nach Beantragung am Schalter zugesagt und weshalb kann die Leasingvereinbarung für das Leasingauto so fix abgeschlossen werden? Richtig, Sie als Verbraucher profitieren mit diesen kundenfreundlichen Lösungen von der Schufa. Es geht natürlich auch anders: Sie bekommen Ihre Internetbestellung nur gegen Vorkasse. Der Grund hierfür könnte ein schlechter Schufa-Score sein.

Wer ist die Schufa? Die Schufa mit Sitz in Wiesbaden befindet sich im Eigentum von verschiedenen Banken, Sparkassen und Versandhandels- und Telekommunikationsunternehmen. Vertragspartner der Schufa sind Unternehmen, die Kredite gewähren oder Waren oder Dienstleistungen anbieten. Mit insgesamt etwa 4.500 Vertragsunternehmen arbeitet die Schufa zusammen. Dabei handelt es sich um Banken- und Sparkassen, um Mobilfunkanbieter, Leasinggesellschaften und Handelsfirmen. Primärer Unternehmenszweck ist es, die Vertragspartner der Schufa vor Kreditausfällen zu schützen. Die Vertragspartner dürfen die Schufadaten nach einem festgelegten System nutzen. Es gibt dazu einen so genannten A, B und C Level, wobei der Level den Umfang der zugänglichen Informationen bestimmt. Nun kommt der Clou: Diese fast 4.500 Vertragspartner melden ihrerseits kreditrelevante Daten ihrer Kunden an die Schufa. Dadurch kann dieser gigantische Wissenspool erst entstehen.

Sie werden sich fragen, ob die Schufa und deren Vertragspartner überhaupt so mit Ihren Daten arbeiten dürfen. Sie dürfen, allerdings nur dann, wenn Sie als Kunde die so genannte Schufaklausel unterschieben haben. Ein BGH-Urteil war ursächlich für diese Klausel. Mit dem Urteil wurde entschieden, dass nur dann, wenn sich der Kunde vorher mit der Weitergabe seiner Daten einverstanden erklärt, dies zulässig ist. Seitdem ist diese Erklärung in vielen Anträgen und Verträgen obligatorisch. Ohne deren Unterzeichnung gibt es womöglich kein Konto, keine Kreditkarte, keine Versandware und kein Leasingauto.

Wie läuft die Dateninformation an die Schufa? Beantragt ein Kunde bei einer Bank einen Autokredit oder bestellt online ein Buch, sendet die Bank, das Autohaus oder der Onlineshop eine Anfrage an die Schufa. Dort wird die Anfrage geprüft. Es erfolgt eine Rückmeldung an den Anfrager mit der Mitteilung der Bonität (ausgedrückt in einem Score-Wert) des Käufers / Antragstellers. Bei einem positiven Score-Wert ist dann alles im grünen Bereich, der Vertrag wird abgeschlossen und die Ware geliefert. Gleichzeitig werden die endgültigen Vertragsdaten der Schufa zurückgemeldet, welche die Informationen in ihrem großen Datenpool aufnimmt.

Erfährt man dagegen von der Schufa, dass der Antragsteller eine schlechte Bonität hat bzw. nicht zahlungsfähig ist, kommt das Geschäft nicht oder nur unter erschwerten Bedingungen zustande.

Man kann nur davor warnen, als schwacher Schuldner auf Angebote einzugehen, die in kleinen Annoncen Kredite ohne Schufaklausel versprechen. Zum weitaus überwiegenden Teil sind diese Angebote dubios und der Verbraucher wird abgezockt.

Was wird bei der Schufa über Sie gespeichert? Eine ganze Menge! Zunächst Ihre Stammdaten: Name, Vorname, Geburtsdatum, Geschlecht, Geburtsort und die Anschrift nebst Ihren früheren Anschriften. Die Vertragspartner der Schufa melden dann die wesentlichen Bedingungen des Vertrages, den Sie zum Beispiel mit dem Kreditinstitut, dem Mobilfunkanbieter oder dem Versandhändler abgeschlossen haben. Sie melden insbesondere, wenn Kredit- oder Leasingraten nicht bezahlt werden. Da die Schufa auch auf öffentliche Verzeichnisse und amtliche Bekanntmachungen zugreift, wird nicht nur ein Scheckkartenmissbrauch, ein gekündigtes Girokonto, ein Kreditkonto in Abwicklung, sondern genauso eine Zwangsvollstreckung oder eine eidesstattliche Versicherung erfasst. Dadurch entsteht ein gigantischer Informationspool über Menschen und deren Zahlungsverhalten. Wegen ihrer Datenfülle und auch wegen ihrer in Deutschland monopolartigen Position schlägt der Schufa von Verbrauchern und Datenschützern harsche Kritik entgegen.

Über 65 Millionen Menschen in Deutschland hat die Schufa fast eine halbe Milliarde Daten gesammelt. Aus diesem Datenbestand werden jährlich etwa einhundert Millionen Auskünfte erteilt. Das Positive daran ist, dass zu über neunzig Prozent des erfassten Personenkreises ausschließlich positive Bewertungen vorliegen. Dennoch bleibt ein generelles Unbehagen über diese in einer Hand gebündelten, doch sehr persönlichen Daten. An einen Missbrauch wagt man nicht zu denken.

Lassen wir dieses diffuse Unbehagen einmal außen vor und werfen einen Blick auf den Nutzen, den die Schufa bietet.

Positiv bewertete Antragsteller

- erhalten ihre Ware/Dienstleistung schneller,
- erhalten zügig den gewünschten Kredit,
- sind bei Vermietern durch Bonitätsnachweis schneller in besserer Position,

- haben bei Kreditkartenanträgen keine Wartezeiten.

Negativ bewertete Antragsteller

- werden daran gehindert, schwer erfüllbare Kreditverbindlichkeiten einzugehen,
- können womöglich eine private Überschuldung vermeiden.

Banken, Leasing und Mobilfunkanbieter, (Versand-) Handelsunternehmen

- vermeiden Schadensfälle, was der Volkswirtschaft und den Kunden, also den Verbrauchern, zugute kommt,
- gewinnen an Geschwindigkeit bei ihren Kundengeschäften und erhöhen ihre Attraktivität bei den Verbrauchern.

Der große Bruder Schufa ist zwar primär auf Privatpersonen und das Massengeschäft fokussiert, es wäre aber ein Trugschluss anzunehmen, das dort angesammelte Wissen hätte keine Wirkung auf die Geschicke von Unternehmen. Wenn ein Unternehmer für eine Firma bürgt, geht es nicht nur um sein haftendes Vermögen, sondern auch um die Frage, ob er eine weiße Weste hat. Sind die Gesellschafter oder Geschäftsführer eines kreditnehmenden Unternehmens unbeschriebene Blätter oder liegt gegen sie etwas vor? Gibt es zum Beispiel einen privaten Leasingvertrag mit rückständigen Forderungen, liegt ein Missbrauch einer Kreditkarte vor oder ist gar ein Haftbefehl zur Erzwingung der eidesstattlichen Versicherung angeordnet? Ein kritischer Analyst fühlt da gerne mal auf den Zahn. Moderne Scoringsysteme von Banken führen automatische Abfragen durch. Liegen derartig gravierende Dinge vor, sind die Kreditwünsche eines Unternehmers schnell zerstoben.

Der große Bruder weiß alles und die Banken stoßen mehr oder weniger systematisch vorgehend auf Schwachstellen. Diese so genannten Negativmerkmale schlagen auf das Unternehmen durch. Kommen negative Bonitätsmerkmale im falschen Moment ans Tageslicht, können sie eine verheerende Wirkung auf das Unternehmen entfachen.

Empfehlungen eines Insiders: Schufa-Eigenauskunft anfordern

Sind Sie Unternehmensinhaber oder haben Sie eine Gesellschafter- oder Geschäftsführerfunktion, sollten Sie Wert darauf legen, dass Sie privat eine saubere Bonitätsweste haben. Anderenfalls kann das der Firma schaden. Stellen Sie die Qualität des über Sie vorhandenen Datenbestandes sicher. Kontrolle haben Sie durch die Anforderung einer Schufaeigenauskunft unter www.meineschufa.de. Aufgrund der jüngsten Novelle zum Bundesdatenschutzgesetz gibt es einen Nachweis der über Sie gespeicherten Daten einmal im Jahr sogar kostenlos. Ansonsten haben Sie auch unterjährig gegen minimalen Kostenaufwand die Sicherheit, die Informationen, die über Sie vorliegen, sind zutreffend. Stellen Sie fest, die über Sie gespeicherten Daten sind nicht korrekt, sollten Sie sofort tätig werden. Sie haben einen Anspruch auf Löschung unzutreffender Informationen über Sie. Allerdings werden Daten über nicht vertragsgemäße Abwicklung von Geschäften ebenso wie Daten aus den Schuldnerverzeichnissen der Amtsgerichte noch drei Jahre nach Erledigung gespeichert.

Auskunfteien – falsche Daten, falsche Rückschlüsse?

Infolge von deutlich besser gewordenen Datenqualitäten werden die Auskunfteien, wie die professionellen Informationssammler heißen, von fast allen Banken regelmäßig bei der Bewertung von Kreditrisiken eines Unternehmens hinzugezogen.

Die großen Namen in diesem Gewerbe sind die Gesellschaften

- Creditreform,
- Bürgel,
- D&B (früher Dun & Bradstreet).

Bei Recherchen stößt der Analyst einer Bank bei diesen Adressen immer auf interessante Hinweise. Sind diese Hinweise negativ, kann die Wirkung von schwächeren Ratings und damit höheren Kreditzinsen bis hin zur Kreditablehnung reichen. Von daher hat man als Unternehmen natürlich ein vitales Interesse daran, wenn man schon gläsern ist, dass das Bild über die Firma und deren Inhaber / Gesellschafter auch stimmt. Stimmt es nicht, ist das Gebot der Stunde schnellstmöglich für eine Korrektur zu sorgen.

Erfahrungsbericht

Ich hatte als Kundenbetreuer einmal eine Projektfinanzierung, in der es um einen zweistelligen Millionenbetrag ging. Die Firma wurde von drei Gesellschaftern getragen. Das Projekt machte einen exzellenten Eindruck, zusätzlich externe Gutachten waren positiv. Der Kreditvertrag lag schon zur Unterschrift bereit, als den Analysten plötzlich Zweifel befielen. Er wollte vorsorglich vor Vertragsversand doch noch eine Auskunft über die drei Gesellschafter zu sehen bekommen. Das nervte zwar, aber bei der Projektfinanzierung hatten wir schon so viele Hürden beseitigt, da sollte es an dieser Formalie, wie ich dachte, nicht mehr scheitern. Aber weitgefehlt: Die Auskunft förderte eine eidesstattliche Versicherung eines Gesellschafters ans Tageslicht. Selbst den Mitgesellschaftern waren die Geldnöte ihres Partners verborgen geblieben. Die Bank nahm Abstand von der Projektfinanzierung, die sich schon im Zieleinlauf befunden hatte.

Fazit für Sie

Durch eine vorherige Eigenauskunftsanfrage und gegenseitige Offenlegung unter den Gesellschaftern hätte man das Konfliktfeld rechtzeitig identifizieren können. Den schwachen Gesellschafter aus dem Schussfeld genommen, schon wäre die Perspektive für die Finanzierung weiter positiv gewesen.

Anhand des Beispiels Creditreform, zweifellos eine der bedeutendsten Wirtschaftsauskunfteien, möchte ich Ihnen die Arbeitsweise der Auskunfteien und die Bedeutung für Unternehmen aufzeigen.

Was ist eine Wirtschaftsauskunftei? Sie können sich das wie ein Detektivbüro vorstellen, nur dass die Detektive kein Material über Ehebruch oder kriminelle Vergehen sammeln, sondern Informationen über Unternehmen. Aus dem Detektivbericht, dem Exposé, kann der Auftraggeber sehen, wie es um die Bonität und die Seriosität des Geschäftspartners bestellt ist.

Die Creditreform ist dezentral organisiert und betreibt neben dem eigentlichen Auskunftsgeschäft noch viele andere Geschäftsfelder wie zum Beispiel Forderungsmanagement/ Inkasso, Kredit- und Risikomanagement. Die Creditreform verfügt über viele Stützpunkte im europäischen Ausland und hat im Auskunftswesen ein hohes Gewicht.

Ähnlich wie die Schufa bei Privatpersonen hat die Creditreform über Unternehmen einen gewaltigen Datenbestand aufgebaut. Nach Eigenangaben hat sie über deutsche Unternehmen knapp vier Millionen Einträge und liefert Daten zu europaweit insgesamt vierundzwanzig Millionen eingetragen Unternehmen.

Insgesamt gehören in Deutschland rund 125.000 Mitglieder zu der Creditreform-Organisation, die den Datenpool im Sinne der Gegenseitigkeit einerseits speisen und andererseits vom ihm profitieren. In einem Monat laufen im Datenpool der Creditreform (Debitorenregister) knapp drei Millionen Zahlungserfahrungen zu 1,8 Millionen Unternehmen zusammen. Verknüpft mit den Jahresabschlüssen des öffentlich zugänglichen Unternehmensregisters, in dem die Unternehmen ihre Bilanzen hinterlegen, lassen sich daraus exzellente Erkenntnisse ableiten. Abgerundet werden diese elektronisch verfügbaren Daten der Creditreform durch knapp eintausend Rechercheure, die in bundesweit 130 Creditreform-Geschäftsstellen arbeiten und zusätzliche Informationen beschaffen.

Nicht bezahlte Rechnungen von Kunden können sich bei kleinerem und mittleren Firmen zu einer existenziellen Bedrohung entwickeln. Wenn die eigene Liquidität krisenbedingt ohnehin schon angespannt ist, verschärft ein schlechtes Kundenzahlungsverhalten die Insolvenzgefahr. Da über den Datenpool der Creditreform Leistungsstörungen, das heißt schleppendes Zahlungsverhalten, schnell sichtbar werden, ist es kein Wunder, wenn nach Eigenangaben der Creditreform sage und schreibe 14 Millionen kostenpflichtige Auskünfte jährlich erteilt werden.

Die Creditreform hat seit vielen Jahren einen Pool von Zahlungserfahrungen (ZaC) angelegt. Das Ganze läuft unter der Bezeichnung Debitorenregister. Dieses Register basiert auf Gegenseitigkeit. Als Unternehmen stellt man seine eigenen Erfahrungen mit Forderungsbeständen ein und erhält dafür eine Analyse, wie die eigenen Kunden bei anderen Lieferanten bezahlen.

Das bringt den Unternehmen, die Ware liefern und ein Zahlungsziel einräumen, aufgrund der Auskunfts-Erkenntnisse ein gewisses Maß an Sicherheit, die Forderung auch bezahlt zu bekommen.

Empfehlungen eines Insiders

Viele Unternehmen unterschätzen die Wirkung von Außenständen mit überdurchschnittlichen Zielinanspruchnahmen. Lange Zielinanspruchnahmen sind erste Indikatoren für Schwierigkeiten bei den Kunden, womöglich Insolvenzvorboten. Hohe Forderungsbestände mit überdurchschnittlichen Laufzeiten wirken deshalb auch negativ auf Ihr Rating bei Banken.

Die Ratingsysteme unterstellen eine höhere Verlustgefahr bei den Außenständen und bewerten das Forderungsmanagement Ihres Unternehmens kritischer. Ein Übriges tut die Auskunftei, welche aus den gleichen Überlegungen heraus Ihr Unternehmen schlechter bewertet. Also Nachteile von allen Seiten.

Fazit für Sie:

Eine schlechte Zahlungsmoral Ihrer Kunden trifft Sie an mehreren Fronten. Häufig hört man von Mittelständlern: „Wenn ich diesen Kunden härter anpacke, bekomme ich keine Aufträge mehr oder er schmiert mir gar in die Insolvenz ab. Dann verliere ich noch mehr." Das mag im Einzelfall zutreffen. Dennoch zahlt sich per Saldo ein konsequentes Forderungsmanagement für Sie aus.

Es gibt aber noch eine Botschaft für Ihr Unternehmen: Wenn über Sie selbst angefragt wird, wie sieht das dann aus? Wissen Sie, welche Daten über Sie existieren, wie das Risiko für eine Lieferung oder eine Auftragserteilung an Sie bewertet wird?

Das sollten Sie wissen, also: Holen Sie eine so genannte Eigenauskunft über Ihr Unternehmen ein. Finden Sie Fehler in der Auskunft oder kommt Ihr Unternehmen nicht gut rüber, sprechen Sie mit der jeweiligen Auskunftei. Haben Sie zu Recht eine schlechte Bewertung, wissen dies auch viele Ihrer Vertrags- und Geschäftspartner und Sie können sich bei den Verhandlungen darauf einstellen. Eine mäßige/schlechte Auskunft kann auch Ihr Rating bei Ihrer Bank nach unten ziehen. Wenn Sie von der Bank ohnehin mit einer schwachen Bonität gesehen werden, kann je nach Ratingsystem eine schlechte Auskunft einen zusätzlichen Rating-Malus bringen. Dann verschärft sich der negative Effekt weiter. Ein noch schlechteres Rating ist aber das Letzte, was Sie brauchen können, da Kredite dann noch schwerer zu bekommen sind und die Konditionen noch höher ausfallen. Natürlich sollten Sie deshalb die Ursachen der schlechten Bewertung beheben. Aber das ist oft leichter gesagt als getan.

Fazit für Sie

Von den wichtigsten Auskunfteien Eigenauskünfte anfordern. Daten erforderlichenfalls korrigieren lassen. Setzen Sie alles daran, dass die Wirtschaftsauskunfteien, aber auch Ihre Geschäftspartner, Lieferanten, Kunden und Banken ein möglichst positives Bild von Ihnen zeichnen. Über die elektronischen Fußabdrücke, die Sie hinterlassen, sind Sie transparent. Schlechte Bonitätsmerkmale verbreiten sich dabei wesentlich schneller in der virtuellen Welt und werden deutlich stärker bewertet als dies bei positiven Aspekten der Fall ist. Meist bleibt Ihnen und selbst Ihrem Banker verborgen, wie und in welchem Umfang ein kritisches Scoring von Auskunfteien Ihr Rating bei der Bank, die darauf zurückgreift, nach unten zieht.

Unternehmensregister – Nacktscanner für Firmen?

Weihnachten und Ostern zusammen ergeben für *„big brother“*, also den großen Bruder, und die professionellen Datensammler das Unternehmensregister. Dort werden die Jahresabschlüsse aller publizitätspflichtigen Unternehmen erfasst. Diese Offenlegungspflichten gibt es schon lange, nur hat sich fast niemand darum geschert. Die Jahresabschlüsse waren früher schon beim Handelsregistergericht zu hinterlegen. Hat man das nicht getan, ist in aller Regel nichts passiert. Das ist heute anders.

Das Unternehmensregister ist eine bundesweite zentrale elektronische Plattform. Die Führung des Registers ist vom Bundesministerium der Justiz an die Bundesanzeiger-Verlagsgesellschaft übertragen worden. Auf der Plattform werden rechtlich relevante sowie veröffentlichungspflichtige Unternehmensdaten zusammengeführt und für jeden Interessenten elektronisch abrufbar bereitgestellt. Es ist nicht erforderlich, ein berechtigtes Interesse nachzuweisen. Ein gefundenes Fressen nicht nur für den großen Bruder, sondern auch für Banken, Versicherer, Geschäftspartner, neugierige Nachbarn etc.

Über das Register kann der große Bruder, repräsentiert durch Auskunfteien, Detekteien und Wirtschaftsinformationsdienste neben den Jahresabschlüssen Zugang zu Originalunterlagen der Handels-, Genossenschafts- und Partnerschaftsregister erhalten. Die bis dahin eher mühsame Datenrecherche bekommt durch den elektronischen Zugriff eine ganz andere Geschwindigkeit und eine wesentlich höhere Qualität.

Es ist für jeden, der Wirtschaftsdaten recherchiert, einfach gigantisch. Ab dem Geschäftsjahr 2006 stehen alle Jahresabschlüsse der publizitätspflichtigen Unternehmen, und das sind eine ganze Menge, komplett zur Verfügung. Wer jetzt eine Vorlage der Zahlen unterlässt, muss sich auf ein Ordnungsgeld von 2.500 Euro bis zu 25.000 Euro einstellen. Vor 2006 musste bei nicht veröffentlichten Zahlen ein neugieriger Konkurrent das säumige Unternehmen anschwärzen, um die Behördenmühlen in Gang zu setzen. Heute wird das Justizministerium von Amtswegen bei säumigen Firmen tätig.

Erfahrungsbericht

Ein Unternehmer mit einem Hang zu zivilem Ungehorsam wollte das nicht wahrhaben. Er dachte, die Behörden würden weiter so lax vorgehen, wie es die Jahre davor gängige Praxis war. Auch dem pädagogischen Einwirken seines Steuerberaters blieb der Erfolg verwehrt.

Es kam, wie es kommen musste. Es flattert ihm schließlich eine so genannte ordnungsgeldbewehrte Androhungsverfügung des Bundesamtes für Justiz auf den Tisch. In der Verfügung wurde ihm aufgegeben, binnen sechs Wochen den Jahresabschluss vorzulegen. Die Formulierung in der Verfügung war recht knackig. Dem Unternehmer wurde es mulmig und er entschloss sich schließlich doch seine „Rechnungsunterlagen als offenlegungspflichtiges Unternehmen beim Betreiber des elektronischen Bundesanzeigers einzureichen und bekannt zu machen". Die Lieferung erfolgte dann zwar nicht innerhalb der Androhungsfrist, aber wenige Tage danach. Der Unternehmer dachte, die ganze Geschichte wäre damit für ihn erledigt. Ihm schwante Übles, als er per Postzustellungsurkunde eineinhalb Jahre danach (!) Nachricht vom Bundesamt für Justiz erhielt. Nun erst wurde es richtig teuer für ihn.

Das Bundesamt leitete ein Ordnungsgeldverfahren nach § 335 HGB gegen ihn ein und brummte ihm ein Ordnungsgeld von 2.500 Euro auf. Zahlung sofort fällig und innerhalb von zwei Wochen auf das Konto der Bundeskasse bei der Deutschen Bundesbank zu leisten. Das hat der Unternehmer dann doch ganz schnell bezahlt und auf eine Beschwerde beim Bundesamt für Justiz verzichtet. Die Erfolgsaussichten einer Beschwerde wären sicherlich auch gering gewesen.

Ein publizitätspflichtiges Unternehmen ist damit heute wahrhaft gläsern. Der gesellschaftsrechtliche Aufbau (Firmenorganigramm) lässt sich wunderbar über die Handelsregisterauszüge entwickeln. Über die Vermögens- und Finanzlage geben die Jahresabschlüsse Auskunft. Das Ganze rundet eine Presse-, Wirtschaftsdaten-, Auskunfteien- und Patentrecherche nebst Blick auf die Homepage des Unternehmens ab:

Fertig ist eine professionelle Analyse nebst Darstellung der Marktposition, Wettbewerbsumfeld, Innovationsgrad etc.

Empfehlungen eines Insiders

Sofern Sie mit dem Unternehmensregister selbst noch nicht aktiv vertraut sind, empfehle ich Ihnen, sich Gedanken zu machen, wer Ihr gläsernes Unternehmen ins Visier nimmt:

- Auskunfteien, Detekteien, Wirtschaftsinformationsdienste

- Lieferanten, die wissen wollen, ob Sie auf Ziel liefern können

- Abnehmer, die wissen wollen, ob Sie genügend finanzielle Luft für einen länger laufenden Auftrag haben

- Banken, Versicherer etc., die überlegen, Sie als Kunden zu akquirieren

- Investmentbanker, die Sie für eine Unternehmenstransaktion als Kaufobjekt (target) im Auge haben

- Wettbewerber, die sich über Ihre finanzielle Stärke informieren, um die eigene Konkurrenzstrategie entsprechend auszurichten

- Trittbrettfahrer, die es zum Beispiel auf Ihre Patente, also Ihr geistiges Eigentum, abgesehen haben

- Kriminelle Elemente, die sich fragen, ob sich eine Erpressung lohnt

- Geheimdienste (Industriespionage)

Scoring – aussichtsloser Kampf gegen unsichtbare Gegner?

Schufa, Auskunfteien, Versandhandelsunternehmen aber auch Ratingsysteme der Banken arbeiten mit Scoring-Systemen. Mit diesen Scoring-Modellen wird versucht, ein künftiges Zahlungsverhalten von Privat- oder Firmenkunden zu prognostizieren. Dabei strebt man eine höhere Trefferwahrscheinlichkeit an, als sie ein Experte aus Fleisch und Blut erreichen könnte. Mit mathematisch-statistischen Verfahren versuchen die Systeme möglichst präzise die Wahrscheinlichkeit zu ermitteln, mit der ein Zahlungspflichtiger sich vertragsgemäß verhält. Die Kunst ist es, die guten von den schlechten Bonitäten sauber zu trennen. Ein Score von 97 Prozent sagt aus, dass der Kunde mit einer Wahrscheinlichkeit von 97 Prozent vertragsgemäß bezahlen wird. Diesen Score kann man bei Bedarf leicht auf Insider begrenzen, indem man ihn in eine Zahlen- oder Buchstabenkombination umwandelt, ihn sozusagen codiert. Das gibt dann für Außenstehende einen Score-Salat, ähnlich wie wir es vor den wilden Zahlen- und Buchstabenkombinationen bei den Ratings der Banken kennen.

Der Ehrgeiz eines jeden Scoring-System-Managers ist es, die Prognosequalität immer mehr nach oben zu schrauben. In der Folge braucht man immer weniger Personal für menschliche Korrekturen. Nicht nur das ist für die Nutzer von Scoring-Modellen interessant. Mit einem hochwertigen Scoring-Modell kann man noch mehr Geschäfte mit Kunden machen, weil man ihre Zahlungsbereitschaft noch besser einschätzen und die Risiken noch besser bewerten kann.

Eine höhere Trefferquote erreicht man durch die Kombination des Zahlungsverhaltens einer Person oder einer Firma mit anderen Faktoren. Das kann bei Unternehmen die Rechtsform, die Mitarbeiterzahl oder auch das Alter der Firma sein. Wie bei einem Kochrezept zu einer Gemüsesuppe mischt man die Zutaten in einem gewissen Verhältnis zusammen. Ein guter Scoring-Manager weiß, welche womöglich sogar unwichtig erscheinenden Komponenten er beimischen muss. Wie bei der Gemüsesuppe kommt man mit der richtig dosierten Prise Salz zu einem noch besseren Ergebnis. Die Trefferquote erhöht sich.

Scoring-Modelle erreichen zwischenzeitlich eine erstaunlich hohe Präzision. Menschliches Expertenwissen wird immer häufiger von den Systemen geschlagen, weshalb sie auch so gefragt sind. Dennoch stoßen auch solche Systeme an ihre Grenzen. Eine hundertprozentige Prognosesicherheit gibt es nicht. Diese Streuverluste – wie sie bezeichnet werden – nimmt man in Kauf. Ist man privat oder als Unternehmen von einer falschen Scoring-Entscheidung betroffen, hat man schlechte Karten. Die Mitarbeiter, die mit den Systemen arbeiten, kennen regelmäßig nicht die Wirkung der einzelnen Komponenten. Das Kochrezept ist das Betriebsgeheimnis und wird vom Insider auch als *blackbox* bezeichnet. Scoring-Modelle funktionieren nur, wenn sich alle Beteiligten unbeeinflusst verhalten. Auch die Mitarbeiter, die ein Scoring-Modell benutzen, sollen es nicht im Detail kennen. Anderenfalls könnten sie das System manipulieren oder Kunden Tipps geben, wie man zu einem besseren Score kommt. Es würde die Prognosequalität deutlich verschlechtern.

Einschlägige Erfahrungen zu derartigen Eingriffen gibt es in den USA. Dort sind Spezialisten, so genannte *score-doctors*, behilflich. Sie unterstützen Menschen, ihren Score mit bestimmten Kniffen zu verbessern. An der zugrunde liegenden finanziellen Situation ändert sich dadurch natürlich nichts. Die Score-Werte werden nur zurecht frisiert und Kreditsuchende bekommen Darlehen, die sie sich eigentlich nicht leisten können. Die Scoring-Systeme wiesen aus dem Grund in den USA auch in die falsche Richtung und Banken verloren viel Geld. Eines von vielen Details, die bei der US-Subprime-Krise eine Rolle spielten.

In Deutschland ist durch die am 01. April 2010 in Kraft getretene Novelle zum Bundesdatenschutzgesetz auch das so genannte *Geo-Scoring* legitimiert worden. Dies bedeutet, die Wohnadresse darf für Scoring-Zwecke benutzt werden. Aus der Privatanschrift, mithin dem Stadtviertel und seinem Ruf, kann man einen Indikator für das Zahlungsverhalten bekommen. Im Einzelfall kann das selbstverständlich vollkommen falsch sein. Deshalb zur Beruhigung: Die Mischung macht's, der Score-Wert wird von vielen Faktoren bestimmt, die womöglich „falsche" Wohnanschrift ist nur eine Komponente.

Kleine und mittlere Unternehmen kommen zusehends auch in den Fokus von Scoring-Verfahren. Hier wirkt sich der Trend zu mehr systemgesteuerten Verfahren und standardisierten Produktangeboten bei Banken aus. Zudem kann mit noch weniger Mitarbeitern und zudem noch geringer qualifiziertem Personal gearbeitet werden. Da die Banken zwischenzeitlich jahrelange Erfahrungen mit Ratingsystemen gemacht haben, müssen diese nur noch mit entsprechenden Komponenten zu einem neuen Kochrezept kreiert werden, schon funktioniert Verhaltensscoring auch bei Unternehmen.

Empfehlung eines Insiders

Außenstehende wie Mitarbeiter lässt man nicht an die Rezeptur der Scoring-Modelle. Der Blick ins Nähkästchen bleibt verwehrt. Jede Bank hat zudem andere Systeme und Komponenten, auf die sie sich stützt. Wenn Sie beim Ratinggespräch mit Ihrem Betreuer/Analysten aufmerksam zuhören, werden Sie sicherlich die eine oder andere Empfehlung zum Stichwort Verhaltensscoring heraushören können.

Unklar ist, wie die Verhaltensscorings im Detail wirken. Beachten Sie aber die nachfolgenden Aspekte, die ich Ihnen aufgrund meiner langjährigen Erfahrungen mit auf den Weg geben kann, da diese in irgendeiner Form auf Ihren Verhaltensscore und somit auf Ihr Rating einwirken. Ihrer Kreditwürdigkeit wird es auf jeden Fall gut tun,

- Überziehungen Ihres laufenden Girokontos zu vermeiden,

- das Kreditkonto ausschließlich im Rahmen der bestehenden Kreditlinie zu führen,

- Zins- und Tilgungsleistungen vertragsgemäß zu erbringen,

- Rückscheck, Rücklastschriften und Wechselproteste unbedingt zu vermeiden,

- Kreditlinien nicht dauerhaft an der oberen Grenze zu beanspruchen,

- regelmäßig angemessene Umsätze über das Konto zu leiten,

- häufige Firmensitzänderungen zu vermeiden,

- wiederholte Rechtsform- und Gesellschafterwechsel zu vermeiden,

- Bilanzstichtagwechsel zu vermeiden und

- für eine saubere Weste bei Schufa und Auskunfteien zu sorgen.

Rating – ein Buch mit sieben Siegeln?

Rating – Licht oder Schatten für Ihr Unternehmen?

Mit Basel II ist die gesamte Bankbranche verpflichtet worden, Ratingverfahren für die ausgereichten Kredite einzuführen. Die Banken konnten dabei wählen, welches Ratingverfahren sie verwenden wollten. Zur Verfügung standen: Ein standardisiertes Verfahren, sozusagen Nullachtfünfzehn, ein Verfahren mit etwas höheren Ansprüchen und ein sehr anspruchsvolles, komplexes Ratingsystem. Insbesondere das Ratingverfahren auf höchstem Niveau war für die Banken mit viel personellem und technischem Aufwand verbunden. Große Beträge mussten in elektronische Systeme investiert werden. Vor erstmaliger Anwendung erfolgte ein aufwendiges Prüf- und Zertifizierungsverfahren durch die Aufsichtsbehörden. Bei diesen Prüfverfahren musste belegt werden, ob die Systeme auch in so genannten Stress-Szenarien funktionieren.

Warum haben vor allem die großen Banken viel Geld investiert, um anspruchsvolle Ratingverfahren einzuführen? Hier gibt es eine einfache Antwort. Je anspruchsvoller und damit präziser das Ratingverfahren, desto weniger Eigenkapital müssen die Kreditinstitute gegenüber den Aufsichtsbehörden nachweisen. Kritische Geister interpretieren das anders und sagen, mit dem freigeschaufelten Eigenkapital konnten die Banken ein noch größeres Rad drehen. Was daraus geworden ist, lässt sich an der Finanzkrise ablesen.

Hat der Standard des von Ihrer Bank angewandten Ratingverfahrens Auswirkungen auf Sie? Welches Ratingverfahren die Bank benutzt, das standardisierte, das normale oder das anspruchsvolle Verfahren ist zunächst unerheblich. Entscheidend ist, was dabei herauskommt. Grob vereinfacht steckt die Bank Ihr Unternehmen bzw. die an Ihr Unternehmen ausgereichten Kredite in eine Schublade. Auf den Schubladen kleben Zettel mit Inhaltsangaben wie zum Beispiel: Hier befinden sich Kredite mit sehr geringem, geringem, überschaubarem, noch vertretbarem, hohem oder nicht mehr vertretbarem Risiko. Wenn Sie jetzt die Risiken in den einzelnen Schubladen mit

Schulnoten von eins bis sechs verbinden, haben Sie die Rohfassung eines Ratingsystems.

Wie schon in der Schule ist es auch beim Rating eine feine Sache, eine möglichst gute Note zu haben. Warum? Mit guten Schulnoten verbessert man spätere Berufsaussichten.

Beim Kreditrating ist es ähnlich. Mit einer guten Ratingnote verbessern sich Ihre Aussichten auf Kredite spürbar. Der Mechanismus ist ganz einfach. Je besser die Ratingnote, desto leichter werden sich Ihre Kreditverhandlungen gestalten. Gute Noten bedeuten mehr Flexibilität der Bank, weniger Sicherheitenanforderungen und günstigere Zinsen.

Das Rating ersetzt zwar nicht die Kreditentscheidung, es bildet aber doch ein wesentliches Element für ein positives Ergebnis Ihrer Verhandlungen. Deshalb sollten Sie eine grobe Vorstellung davon haben, wie die Ratingverfahren der Bank funktionieren, wie Ihr konkretes Rating aussieht, was Ihre Ratingeinstufung bedeutet und wie man daran vielleicht noch etwas zu Ihren Gunsten drehen kann.

Wie funktioniert das Rating? Die Bank nimmt Daten von Ihnen, statistische Daten aus Ihrer Branche, volkswirtschaftliche Kennzahlen und auch Daten aus „geheimen" Dossiers. Das ganze Datenmaterial kommt in einen großen Fleischwolf. Die Bank fügt dann noch ihre eigenen positiven oder negativen Erfahrungen hinzu. So zum Beispiel mit Unternehmen Ihrer Branche, Ihrer Umsatzgrößenordnung, Ihres Unternehmensalters oder auch Erfahrungen mit der gleichen Rechtsform. Einmal alles durch den Fleischwolf gedreht und fertig ist das Tatar in Form einer Ratingbewertung.

Damit Ihnen das Fleischwolfergebnis auch zusagt, sollten Sie in etwa abschätzen können, wie sich die Zutaten am Schluss auf das Ergebnis auswirken. Ganz wesentlich wird das Ratingergebnis von Ihren Unternehmenszahlen, also Ihren Jahresabschlusszahlen oder auch der Einnahmen-Überschuss-Rechnung geprägt.

Je früher Sie die Zahlen vorlegen, umso besser für Sie. Aktualität bringt Bonuspunkte. Ist ja auch klar, je mehr Zeit seit dem letzten Jahresabschluss vergangen ist, umso schwieriger die Risikoeinschätzung durch die Bank. Wenn Sie neben einem Abschluss möglichst zeitnah zum Bilanzstichtag zusätzlich aktuelle

Zwischenzahlen vorlegen, zum Beispiel in Form von quartalsweisen oder monatlichen betriebswirtschaftlichen Auswertungen, kann es weitere Pluspunkte beim Rating geben. Haben Sie daneben auch noch Planzahlen für das laufende Geschäftsjahr (Finanzplan, Auftragsplanung mit monatlichen Abweichungsanalysen, Umsatz- und Ertragsvorschau), gibt es weitere Punkte.

Mit Ihren Jahresabschlusszahlen, ergänzt um aktuelle Zahlen und guten Planungsunterlagen, prägen Sie Ihr Rating zu einem wesentlichen Teil. Das heißt, haben Sie eine gute Eigenkapitalausstattung, eine positive Umsatz- und Gewinnentwicklung, ist das schon die halbe Miete, wenn auch aktuelle Zahlen vorgelegt werden und die Prognosen auf einen weiterhin guten Verlauf hindeuten. Mangelt es dagegen an Eigenkapital, sind Umsatz und Ergebnis rückläufig, haben Sie keine sonderlich aktuellen Zahlen und zudem keine vorausschauende Planung, wird Ihr Rating – selbst wenn alle anderen Zutaten im Fleischwolf Gourmetcharakter haben – nicht sehr positiv ausfallen.

Es wäre also eine gute Sache, bei den Schulaufgaben gute Rechenergebnisse abzuliefern. Das gibt noch nicht die Zeugnisnote. Mit dem Ergebnis der so genannten quantitativen Analyse – das ist alles was Sie an Bilanzen und Unternehmenszahlen vorlegen – gibt es aber doch schon eine deutliche Aussage darüber, ob das Erreichen des Klassenziels gefährdet ist und Sie womöglich keinen Kredit mehr bekommen.

Außerdem gibt es noch die so genannte qualitative Analyse. Auch hier ist es wie in der Schule. Wenn man ordentliche Hausaufgaben abliefert und noch mit Fleißarbeiten glänzt, kann man das Ergebnis positiv verändern. Mit den Fleißpunkten kann man den Lehrer milde stimmen und das wirkt positiv auf die Sympathiewerte des artigen Schülers.

Was machen die Banken bei der qualitativen Analyse? Sie sehen sich den Inhaber oder das Management an. Hat die Unternehmensleitung alles im Griff? Bedient man sich moderner Führungsmethoden? Wie ist die Qualität der Planung? Wie schnell liegen Zahlen vor? Wie ist es um die Prognosequalität bestellt? Ist die Nachfolge gut geregelt? Wie sehen Mitarbeiterführung und -qualifizierung aus? Gibt es Krisenpläne in der Schublade? Wie kreativ ist man bei der Erschließung neuer Märkte, der Entwicklung neuer Produkte im Verhältnis zum

Wettbewerb? Diese Faktoren werden vom Risikomanager der Bank, auch Analyst oder Entscheider genannt, bewertet. Wie kann dieser Sie bewerten, ohne Sie zu kennen? Das geschieht indirekt. Es wird sozusagen über Bande gespielt. Zu dieser Bewertung kommt der Risikomanager, indem er zum Beispiel vergleicht, wie die Trefferquote Ihrer früheren Prognosen ausgefallen ist, wie ausführlich und logisch aufgebaut Ihre Unterlagen sind, in welcher Form sich Ihre Firma auf der Webseite darstellt. Wie kundenorientiert Ihr Auftritt im Web ist oder welchen Eindruck Ihre Mitarbeiter am Telefon machen. Welche Wirkung Sie im Markt hinterlassen (Presseartikel, Gremienarbeit, Funktionen etc.) und was der Wettbewerb über Sie sagt. In der Tat hinterlässt jedes Unternehmen ungemein viele Spuren mit denen es gelingt, ein erstaunlich zutreffendes Bild zu zeichnen.

Ergänzend sieht sich der Risikomanager noch die Branche an, den Markt und die Rahmenbedingungen, innerhalb derer sich ein Unternehmen bewegt. Dass alles kommt als so genanntes qualitatives Analyseergebnis ebenfalls in den Fleischwolf und stellt die zweite starke Komponente für das Ratingergebnis dar.

Daneben gibt es noch weitere, so genannte weiche Faktoren, die können trotz eines bis dahin guten Teilergebnisses das Gesamtresultat stark beeinflussen.

Bleiben wir beim Bild der Schule. Ein Schüler hat die Gnade eines brillanten Intellekts und schreibt ohne Vorbereitung beste Noten bei den Klassenarbeiten, er bekommt Fleißpunkte aufgrund guter Hausaufgaben, die er heimlich von einem Klassenkameraden machen lässt. Dann fällt er wiederholt mit Schulhofschlägereien negativ auf und ist ein penetranter Störer im Unterricht aufgrund lauten Schwätzens. Auch Lehrern, die ihn nicht unterrichten, fällt er durch ungehobeltes Benehmen auf. Sie ahnen, wie es ausgeht. Die Note wird nicht annähernd so gut ausfallen, wie es den Arbeitsergebnissen entsprochen hätte. Man kommt ihm auf die Schliche, dass er getürkte Arbeiten vorgelegt hat. Das gibt einen entsprechenden Malus und wegen anhaltender Schulhofschlägereien wird der Schüler schließlich von der Schule verwiesen.

Einem Unternehmen kann Ähnliches passieren, wenn es sich nicht an die Absprachen des Kreditvertrages hält. Beispiel: Bilanzzahlen viel zu spät vorlegen, falsche Angaben zum Kreditzweck machen, erhebliche Prognoseabweichungen, die nicht begründet werden können, gegen

Kreditauflagen (Covenants) verstoßen etc. Wenn zudem Hinweise über Leistungsstörungen bei Zahlungsabwicklungen bei Auskunfteien und Kreditversicherern auftreten, wird es bei der Kreditvergabe eng.

Empfehlungen eines Insiders

Eine große Gefahr für die Ratingnote geht von Konto- und Kreditlinien-Überziehungen und nicht vertragsgemäß erbrachten Zins- und Tilgungsleistungen aus. Hält sich eine Firma nicht an eingeräumte Kreditlimits, kann das selbst bei geringeren Beträgen zu dramatischen Ratingabstürzen führen. Bei Überziehungen von mehr als 90 Tagen gibt es zudem einen aufsichtsrechtlich ausgelösten Mechanismus. Dieser zwingt die Bank dazu, das Kreditengagement eines solchen Kunden mit besonderer Priorität zu behandeln. Der Kundenbetreuer erhält bildlich gesprochen einen Aufseher, die Kundenakte einen roten Reiter „kritische Kontoführung".

Sie sollten deshalb Ihre Liquiditätsteuerung immer im Griff haben. Überziehungen niemals in Kauf nehmen! Die elektronischen Bankensysteme vergessen nichts. Wie ein während des Jahres erteilter Verweis an der Schule. Der steht auch im Jahresendzeugnis und verschlechtert den Gesamteindruck.

Wie vergleichen Sie Ihre Ratingnoten?

Sie haben mehrere Banken und möchten Ihre Ratingnoten vergleichen. Damit viel Spaß! Jede Bank hat nämlich ein unterschiedliches Verfahren. Der Pfiff war seitens der Aufsichtsbehörden mit der Einführung von Basel II gewesen, die Banken, die sehr anspruchsvolle und komplexe Systeme einführten, mit Eigenkapitalentlastungen zu belohnen. Das führte dann zu komplexen Ratingskalen. Der Standard der Sparkassen stützt sich zum Beispiel auf 18 in Zahlen ausgedrückte Ratingklassen. Die Deutsche Bank hat Buchstabenkombinationen dafür. Die Dresdner Bank hatte 14 Klassen in Zahlen, die Commerzbank dagegen nur sechs. Die Postbank wiederum hat einen Buchstabensalat und die Volksbanken schließlich haben eine Kombination von Zahlen und Buchstaben, beginnend mit

0+ bis 3e. Es herrscht sozusagen babylonische Sprachverwirrung. Bitte springen Sie aber nicht gleich zum nächsten Kapitel, ich verrate Ihnen einen Trick. Einen Universal-Geheimcode, sozusagen den Dietrich der Ratingsysteme mit dem Sie alle Ratings Ihrer Banken vergleichen können. Damit Sie den Universalschlüssel für die Decodierung richtig anwenden können, nachfolgend einige Hintergründe.

Was soll mit einem Rating bewirkt werden? Die Aufsichtsbehörden möchten die Eigenkapitalanforderungen an die Banken mehr davon abhängig machen, welche Risiken die Institute eingegangen sind. Bessere Kreditrisiken fordern weniger, schlechtere Risiken fordern höhere Eigenkapitalbeträge in den Bankbilanzen. Mit den Ratingsystemen führen die Banken gegenüber der Aufsicht Beweis.

Technisch gehen die Banken so vor, dass sie jeder Ratingklasse eine bestimmte Ausfallwahrscheinlichkeit zuordnen. Das heißt, mit dem Blick in die Vergangenheit und der Prognose der Zukunft unter Zuhilfenahme mathematisch-statistischer Verfahren werden Wahrscheinlichkeiten ermittelt. Wahrscheinlichkeiten, mit denen Kreditnehmer dieser Ratingstufe ihre Kredite voraussichtlich nicht zurückbezahlen. Diese Prognose wird für einen Zeitraum von einem

Jahr vorgenommen. Die Ausfallwahrscheinlichkeit ist das Verlustrisiko der Bank. Dieses so genannte Ausfallrisiko oder auch Ausfallrate genannt, wird in Prozent ausgedrückt.

Illustrieren wir das an einem Beispiel: Eine Bank ermittelt mit ihrem Ratingsystem, dass alle ihre Kreditnehmer in der Ratingklasse 4 mit einer Wahrscheinlichkeit von 2,1 Prozent innerhalb des nächsten Jahres ausfallen. Umgerechnet bedeutet das bei eintausend Kreditkunden 2,1 Prozent davon oder 21 Unternehmen werden ihre Schulden nicht zurückbezahlen können.

Eine Ausfallquote von 0,4 Prozent, welche die Bank in der Ratingklasse 2 führt, bedeutet dementsprechend, dass von eintausend Kunden vier Firmen ihre Verpflichtungen nicht erfüllen werden.

Was die Sache jetzt einfacher macht ist, dass alle Banken sämtliche Ausfallwahrscheinlichkeiten von null Prozent bis einhundert Prozent ihren jeweiligen Ratingklassen zuordnen müssen. Ob dies dann in Zahlen von 1 bis 6; 1 – 18 oder Buchstabenkombinationen geschieht, ist unerheblich. Schließlich können alle Systeme in ein Schulnotensystem „übersetzt“ werden.

Muster einer Bank-Rating-Skala übersetzt in Schulnoten

Ratingklasse nach Schulnoten	Ausfallrisiko	Kreditrisiko
1	bis 0,1	sehr gut
2	0,1 - 0,5	gut
3	0,5 - 2,0	befriedigend bis ausreichend
4	2,0 - 6,0	erhöhtes Risiko
5	6,0 - 15,0	hohes Risiko
6	15 - 100,0	sehr hohes Risiko

Mit einem Rating nach Schulnoten tun wir uns alle relativ leicht. Mit jeder Note verbinden wir reflexartig eine bestimmte Wertigkeit und haben eine Vorstellung, woran wir sind. Sie werden sich fragen, weshalb es dann Banken gibt, die mit 1 – 18 oder mit Buchstaben raten. Ehrlich gesagt, ich frage mich das auch. Es wird dadurch geradezu zu einer Geheimwissenschaft. In der Tat wurde bei der

Einführung der Ratingsysteme bei den Banken sehr viel Geheimniskrämerei betrieben. Jedes ambitionierte Institut wollte für sich das weltbeste System entwickeln. In der Außenwirkung war es zunächst vor allem eines: kompliziert.

Lassen Sie sich durch die Vielzahl der Zahlen oder Buchstaben nicht verwirren. Es läuft alles auf das Gleiche hinaus. Wenn eine Bank mit 1 – 18 bewertet, bedeutet das lediglich eine stärkere Differenzierung. Für die Note Eins stehen in dem anderen System eben 1 – 3, für die Zwei 4 – 6 usw. Werden Buchstaben verwendet, folgt das System der gleichen Logik. Das heißt, jeder Ratingklasse wird dann ein Buchstabe oder eine Buchstabenkombination zugeordnet.

Sie merken schon, die Nebel der Verschleierung lichten sich, der Code wird gleich geknackt. Wenn ich also im obigen Beispiel ein Ausfallrisiko von 1,2 habe, bin ich risikomäßig ein durchschnittlicher Kunde und habe quasi die Schulnote 3. Habe ich eine Ausfallrate von sieben Prozent, entspricht das einer Schulnote 5; das Erreichen des Klassenziels ist damit höchst gefährdet, Kredit in weiter Ferne. Habe ich ein Ausfallrisiko von 0,5 Prozent, entspricht das einer 2 und ich sollte eine gute Verhandlungsposition bei Kreditgesprächen haben.
Wie gehen Sie deshalb vor, wenn Sie Licht ins Ratingdunkel bekommen und Ihre Bankratings vergleichen möchten? Sie fragen die Kundenbetreuer Ihrer Banken, welches Ausfallrisiko in Prozent für Ihre Firma ermittelt wurde. Tragen Sie die Ausfallraten auf einem Blatt Papier zusammen.

Liegen die Ausfallraten in Prozent sehr nah beieinander, bedeutet das, Ihre Bonität wird von allen Banken etwa gleich bewertet. Ist Ihr Ausfallrisiko zudem bei allen Banken nicht schlechter als 1,5 Prozent, können Sie aufatmen, weil das noch einem befriedigenden Ergebnis entspricht.

Sollten Ihre Ausfallraten deutlich voneinander abweichen, kommen Ihre Banken offensichtlich zu ganz unterschiedlichen Bewertungen. Die Ursachen dafür müssen Sie aufklären. Zunächst wäre zu prüfen, ob Sie selbst für die Abweichungen verantwortlich sind. Haben Sie die Banken alle gleich informiert, haben Sie die gleichen Unterlagen ausgehändigt und haben Sie Ihre Banken sicherheitenmäßig gleich und fair behandelt? Ist Ihre Kontoführung bei allen Banken ordentlich? Zahlen Sie termingerecht bei allen Banken die Zins- und Tilgungsraten?

Bevor Sie deshalb ein Institut, das Sie spürbar schlechter ratet, in die Ecke stellen, prüfen Sie, ob die Ursache bei Ihnen selbst liegt. Hier kann es durchaus Sinn machen, sich Rat bei einem Experten, einem externen Berater, einzuholen. Womöglich haben Sie gegen kreditvertragliche Auflagen verstoßen, die sich in einem kritischen Rating ausdrücken. Es empfiehlt sich, eine Strategie zu entwickeln, wie man die Verstöße heilt.

Es gibt Banken und Kundenbetreuer, die sich zieren, mit offenem Visier über das Rating, die Stellschrauben dazu und Ihr Ausfallrisiko zu sprechen. Sie haben als Unternehmer aber einen Anspruch darauf, zu erfahren, was Ihre IFD Ratingstufe ist. Hier wird Ihnen sozusagen ein Dolmetscher zur Verfügung gestellt. In der IFD – der (I)nitiative (F)inanzplatz (D)eutschland – haben sich die deutschen Kreditinstitute zusammengeschlossen. Die Institute haben in der IFD eine Art Kodex vereinbart. Dieser verpflichtet die Institute, die eigenen Ratings in die Ratingstufen der gemeinsam entwickelten IFD-Ratingskala zu übersetzen. Die geht von der besten Stufe I bis zur schlechtesten Stufe VI, womit wir uns glücklicherweise gleich wieder direkt am Schulnotensystem orientieren können.

Wenn Sie also Ihr Ausfallrisiko nicht in Prozent genannt bekommen, worüber Sie durchaus kritische Verwunderung ausdrücken dürfen, erfragen Sie: **Ihr IFD Rating!**

Haben Sie als Ihr IFD-Rating zum Beispiel III genannt bekommen und Ihre weiteren Banken haben Sie genau so bewertet, ist alles gut. Gibt es Abweichungen, gilt es auch hier, nachzuhaken. Allerdings muss ich vorsorglich darauf hinweisen, dass die Ausfallraten in Prozent wesentlich besser geeignet sind für Vergleiche, da sie deutlich präziser sind. Der IFD Dolmetscher Service vergröbert etwas. Insofern ist das IFD-Rating nicht ganz so gut geeignet. Mit voreiligen Schlüssen sollten Sie dann vorsichtig sein. Sofern Sie bis einschließlich III eingestuft werden, sind diese Unschärfen nicht so dramatisch. Sollten Sie aber in IV gelandet sein oder gar schlechter bewertet werden, besteht Handlungsbedarf!

Fazit für Sie:

Versuchen Sie, Transparenz über Ihr Rating bei den Banken zu bekommen. Erfragen Sie Ihre Ausfallrisiko in Prozent und lassen Sie es von Ihren Kundenbetreuern in eine Schulnote übersetzen. Erbitten Sie zusätzlich auch Ihr IFD Rating. Wenn es zwischen Ihren Banken zu wesentlichen Abweichungen kommt, betreiben Sie zuerst Ursachenforschung! Wenn die Abweichungen nicht durch Sie selbst zu vertreten sind, haken Sie bei den Kreditinstituten nach.

Auch wenn Sie ein niedriges Ausfallrisiko haben oder gut beim IFD Rating abschneiden, heißt das noch nicht, dass sich alle Banken über Ihre damit verbundene Schulnote einig sind. Um bei der Schule zu bleiben, der eine Lehrer bewertet das Ergebnis der Schulaufgabe mit drei, der andere findet zwar keine zusätzlichen Fehler, ist aber der Meinung, bei diesem Prüfungsergebnis sei nur eine Vier angemessen. Selbst wenn sich die Lehrer einig sind, eine drei sei angemessen, kann es dennoch sein, dass Sie einem Lehrer nicht gut genug sind. Dann hat dieser Lehrer womöglich den Bewertungsmaßstab einer Eliteschule im Hinterkopf.

Im Klartext: Selbst wenn sich Banken in der Einschätzung Ihrer Bonität einig sind, bedeutet dies noch lange nicht, dass Sie von allen die gleiche Note bekommen. Die Bank kann wegen einer restriktiven Kreditpolitik höhere Ansprüche an Sie stellen.

Da wir schon beim Thema Rating sind, gleich noch ein paar Takte zu den Ratingagenturen. Ratings von Agenturen wie Standard & Poors, Moodys oder Fitch werden im Gegensatz zu bankinternen Ratings auch als externe Ratings bezeichnet. Diese Agenturen raten teils unaufgefordert, meist aber gegen Honorierung. Man nimmt also mit der Ratingagentur Verbindung auf und lässt sich unter Vorlage von Bilanzen, Offenlegung der eigenen Marktposition, des Risikoprofils der Geschäfte etc. raten. Banken werden dabei ebenso geratet wie Länder, Unternehmen oder Unternehmensanleihen. Auch die in Wertpapiere verpackten Subprime-Kredite erhielten ein Rating. Häufig das Top-Rating *Triple A*, das heißt AAA .

Mit den Buchstaben wird eine Bonitätsnote ausgedrückt. Ähnlich wie bei unserem Schulnotensystem. Nur wird sie hier in Buchstaben statt in Zahlen gemessen. Bei Standard & Poors kann man die Buchstaben wie folgt übersetzen:

Rating	Bonitätsbewertung	
AAA	exzellent	
AA	sehr gut	Investment Grade
A	gut	
BBB	befriedigend	
BB	ausreichend	
B	mangelhaft	Speculative Grade
CCC	ungenügend	

Bei Ratings bis *Triple B*, also BBB, spricht man auch von *Investment Grade*. Ein solches Rating entspricht einer Ausfallrate von weniger als 0,5 Prozent. Die Einstufung als *Investment Grade* ist häufig für Versicherungen, Pensionsfonds und Investmentfonds wichtig. In der Regel gibt es für solche Institutionen aufsichts- oder satzungsrechtliche Bedingungen, wonach Anlagen nur in Wertpapieren mit *Investment Grade* erfolgen dürfen. Wegen des konservativen Charakters solcher Papiere bezeichnete man sie früher respektlos auch als Witwen- und Waisenpapiere. Nach dem Motto, bei solchen risikolosen Anlagen kann im Gegensatz zu Wertpapieranlagen mit *Speculative* oder auch *Non Investment Grade* nichts passieren.

Anhand der veröffentlichten Ratings einer unabhängigen Agentur soll der Käufer einer Wertpapieranlage oder ein Kreditgeber an ein Großunternehmen einen ersten groben Eindruck von der Bonität erhalten. Mit der Note hat der Investor eine Vorstellung, mit welchem Risiko sein Geschäft verbunden ist.

Nicht immer sind es auch wirklich gute Wertpapiere, obwohl sie gut geratet sind. Das heißt, wo AAA drauf steht ist nicht notwendigerweise *Triple A* drin. Das haben wir zumindestens aus der Finanzkrise gelernt. Viele Subprime-Anlagen-Papiere hatten ein *Triple A* Rating, obwohl es Schrottpapiere waren, womit die Anleger Verluste eingefahren haben. Da hat man den Bock zum Gärtner gemacht. Die Ratingagenturen kassierten eine Menge Geld für ihre Ratings dieser Papiere. Ein klassischer Fall von Interessenskollision. Man hätte es ahnen können. Im Vorfeld der Finanzkrise stiegen die Umsätze der Ratingagenturen exorbitant. Die Gewinne genauso. Die Subprime-Papiere waren für die Ratingagenturen ein gefundenes Fressen. Die Witwen- und Waisenanlagen haben sich damit leider nicht als risikolos herausgestellt.

Wie beeinflusst Ihr Rating Ihre Kreditkosten?

Beim Rating geht es nicht nur um die Frage „Sein oder nicht Sein", das heißt, „gibt es Kredit oder nicht". Es geht auch um den Preis dafür, also die Zinsen und Gebühren. Wie das funktioniert ist nachfolgend erklärt. Ein angestrebter Effekt des Ratings war nach dem Willen ihrer Schöpfer (Basel II) mehr Gerechtigkeit zu schaffen. Gerechtigkeit sowohl für Banken wie deren Kreditkunden. Gute Risiken sollten belohnt, schlechte Risiken – sagen wir nicht bestraft – sondern schlechter gestellt werden.

Banken müssen bei schlechten Risiken mehr Eigenkapital beibringen, also teuer beschaffen. Kunden müssen deshalb bei den Zinsen mehr drauflegen. Die bis zur Einführung von Basel II weitgehend übliche Quersubventionierung sollte abgebaut werden. Dies bedeutet: Früher profitierten schwächere Schuldner mit besseren Zinsen durch den indirekten Ausgleich, der von guten Schuldnern kam, die etwas mehr bezahlten.

Wie Sie als Unternehmer, als Händler, Dienstleister oder Hersteller kalkulieren, genauso kalkuliert auch die Bank jedes Geschäft mit Ihnen. Bei größeren Geschäften, zum Beispiel einer Investitionsfinanzierung, geschieht dies wirklich sehr individuell, sozusagen in Handarbeit. Bei kleineren Geschäften wird dagegen, ebenso wie in der Industrie, eine Standardkalkulation mit meist recht ordentlichen Margen vorgenommen.

Ich kann Sie mit diesem Buch nicht zum Pokerchampion machen. Mit einem besseren Verständnis der Bankkalkulation können Sie aber punkten. Je offensichtlicher, dass Sie etwas von der Materie verstehen, je besser Ihre Argumente sind, umso ernster wird man Sie nehmen. Damit haben Sie eine ganz andere Ausgangsposition.

Sehen wir uns ein Kalkulationsbeispiel für einen Kontokorrentkredit anhand fiktiver Zahlen an:

	Kosten	Höhe	Hintergrund
1	Eigenkapital-kosten	0,5 %	Aufsichtsrecht (Basel II)
2	Refinanzierungs-Kosten	2,0 %	Kosten für das Geld, das sich die Bank zur Weiterleitung als Kredit selbst beschaffen muss
3	Risikokosten	3,5 %	Versicherungs-prämie für den Schadensfall (falls Kredit nicht zurückbezahlt wird)
4	Verwaltungs-kosten	0,5 %	Administration, Personal, IT-Systeme
5	Marge der Bank	2,0 %	Bruttogewinn der Bank
	Summe	8,5 %	Kundenzinssatz

Nun gilt es, anhand der einzelnen Kalkulationspositionen festzustellen, wie beeinflussbar die Einzelelemente sind, die am Schluss zum Kunden-Zinssatz führen. Bei der ersten und geringsten Position geht es um das Eigenkapital der Bank. Die Höhe des Eigenkapitals wird der Bank aufsichtsrechtlich vorgeschrieben. Eine Bank, die hohe Risiken hat, muss mehr Eigenkapital haben als eine Bank mit geringen Risiken. Auch für den Kredit an Sie muss die Bank vorsorglich einen Eigenkapitalbetrag beiseite legen. Bei einem Kredit von 100.000 Euro und einem durchschnittlichen Risiko muss die Bank Eigenkaptial von 8.000 Euro bereithalten. Bei höherem Risiko können es auch 12.000 Euro sein. Das Eigenkapital holen sich die Banken von den Eigentümern. Bei privaten Banken sind das die Aktionäre, bei öffentlichen Banken das Land oder die Kommunen. Bei Raiffeisen- und Volksbanken sind das die Genossen, die das Eigenkapital in Form von Genossenschaftsanteilen zeichnen. Allen Eigentümern ist gemein, sie wollen eine Verzinsung dafür haben in Form von Dividenden, Ausschüttungen, Verzinsung von stillen Einlagen etc. Diese Verzinsung des Eigenkapitals muss von der Bank erwirtschaftet und damit einkalkuliert werden. Die Wirkung auf den am Schluss vom Kredit-Kunden zu bezahlenden Zinssatz ist relativ gering.

Die Refinanzierungskosten der Bank sind wie sie sind. Daran können Sie im Grunde nichts drehen. Generell ist es so: Je besser die Bonität der Bank, je größer der Anteil der (Massen-) Kundschaft, umso günstiger die Refinanzierungsbasis. Hat die Bank selbst keine gute Bonität (Rating!) und / oder muss sie sich viel Geld von anderen Banken holen, weil sie nicht viele Kunden als Anleger vorweisen kann, umso höher die Refinanzierungskosten.

Das große Tau Zinsziehen

Kommen wir zu den Risikokosten. Sie repräsentieren einen hohen Anteil am Zinssatz für den Kunden. Die Risikoprämie kalkuliert die Bank wie eine Versicherung. Es sind die Kosten für die Schadensfälle. Denken Sie an ein Erdbeben, eine Überschwemmung oder einen Orkan. Diese Naturereignisse führen zu massiven Schäden bei den Versicherungen. Die Finanz- und Wirtschaftskrise hat ähnliche Wirkungen auf die Bankbilanzen. Das sind Großschäden, die einkalkuliert werden müssen.

Auch für einen Kredit an Sie kalkuliert die Bank eine Schadensquote. Diese Schadensquote ist unmittelbar mit Ihrem Unternehmensrating verknüpft. Ratings für Firmen sind momentan in der Breite nicht so gut. Von daher sind die Risikokosten gegenwärtig der größte Kostenfaktor in der Kalkulation eines Kunden-Zinssatzes. Das ist vermutlich auch bei Ihnen der Fall, wenn Sie kein gutes Rating haben. Wenn Ihr Rating feststeht, können Sie über die Risikokosten, welche die Bank mit ihren internen Systemen ermittelt, nicht mehr verhandeln. Wenn Sie niedrigere Risikokosten bei der Bank anstreben, müssen Sie weit im Vorfeld daran arbeiten. Die Stichworte sind hier Rating, Verhaltensscoring und Sicherheiten.

Diese Themen werden in eigenen Kapiteln behandelt. An dieser Stelle nur soviel: Wenn Ihr Rating feststeht und Sie schon in Kreditverhandlungen stehen, können Sie die Risikokosten der Bank nur noch über werthaltige Sicherheiten beeinflussen. Sicherheiten reduzieren das Ausfallrisiko für Ihren Kredit bei Ihrer Bank. Ihre Verhandlungsposition verbessert sich in dem Umfang, in dem Sie eine Risikoentlastung herbeiführen.

Die Verwaltungskosten sind in obigem Beispiel mit 0,5 Prozent angesetzt. Dieser Kostenbestandteil wird von Bank zu Bank in Abhängigkeit vom Kostenapparat variieren.

Als letzter Kalkulationsbaustein bleibt die Marge der Bank, deren Bruttogewinn. Den Kalkulationsfaktor habe ich mit zwei Prozent angenommen. Vermutlich haben Sie dem Baustein höhere Bedeutung beigemessen. Dieses Kalkulationselement verbleibt als eigentliches Terrain für Ihre Preisverhandlungen.

Die meisten Bestandteile der Kalkulation können Sie als Kunde kaum beeinflussen. Es ist aber entscheidend, ob Sie ein gutes Rating bis etwa Schulnote 2,5, ein mäßiges Rating bis etwa 3,5 oder ein schlechtes Rating ab etwa 3,5 haben. Bei guten Ratings sind die Risikokosten ausgesprochen gering. Das macht sich im Zinssatz kräftig bemerkbar. Ab Schulnote 3,5 geht es überdurchschnittlich aufwärts und es wird richtig teuer. Sie können sich das so vorstellen wie bei einer Kfz-Versicherung. Dort werden Sie auch in Schadensklassen eingestuft. Sind Sie lange Jahre unfallfrei gefahren, wohnen in einer schadensarmen Region und haben zudem ein Fahrzeug, welches erfahrungsgemäß in wenig Unfälle verwickelt und zudem reparaturfreundlich ist, dann kann es zu sehr günstigen Versicherungsprämien kommen. Sind die ganzen Vorzeichen andersherum, sind satte Risikoaufschläge die Folge und der Versicherungsschutz kostet viel.

„Der Erfolg Ihrer Bankverhandlungen sollte Ihre Unternehmensrendite beflügeln und nicht die der Bank", hat ein Spaßvogel einmal gesagt. Aber das ist leichter gesagt als getan. Anhand der Kalkulation sehen Sie, dass die Risikokosten eine weit höhere Wirkung haben als Ihre eigentliche Verhandlungsebene, die Marge der Bank.

Fazit für Sie

Tun Sie alles, um ein möglichst gutes Rating zu bekommen. Die Risikokosten sind die bedeutendste Preiskomponente in einem schwierigen wirtschaftlichen Umfeld.

Hat Ihre Firma eine mäßige oder gar schwache Bonität, halten Sie sich in der Preisverhandlung zurück. Bei den zu erwartenden Umbrüchen in der Bankbranche ist es viel wichtiger, zuverlässige Kreditpartner an der Seite zu haben. Liquiditätssicherung hat die höchste Priorität vor Ertragsansprüchen.

Haben Sie viele interessante Geschäfte für die Bank, also Auslandsgeschäfte, Derivate, viel Zahlungsverkehr etc. verbessert dies Ihre Verhandlungsposition. Mit der Nutzung vieler Produkte der Bank – der Profi spricht vom hohen cross selling-Faktor – werden Sie attraktiv für die Bank. Diese Attraktivität können Sie noch steigern, indem Sie Ihre Bankgeschäfte bei einem oder wenigen Instituten bündeln. Aber Vorsicht: Nicht alles auf eine Karte setzen. Eine stabile Kreditversorgung hat Vorrang vor Ertragsoptimierung.

Nicht zuletzt können Sie Ihre Verhandlungsposition verbessern, indem Sie werthaltige Sicherheiten in den Verhandlungspoker einbringen. Damit können Sie die von der Bank zu kalkulierenden Risikokosten reduzieren, was Ihrem Zinssatz zugute kommen sollte.

Die Vertragsbeziehung zur Bank – eitel Sonnenschein oder trüber Ausblick?

Der Kreditvertrag – lebenslang gebunden?

Wenn die Risikoprüfung Ihres Unternehmens durch die Bank positiv verlaufen ist, haben Sie den größten Teil des Weges hinter sich. Sind auch die Sicherheiten, Konditionen, also Zinsen und Gebühren sowie die Covenants (Kreditvertragsklauseln) abschließend verhandelt, befinden Sie sich auf der Zielgeraden. Dann wird über die gegenseitigen Absprachen ein Kreditvertrag erstellt. Diese schriftliche Vereinbarung ist eine Art Grundlagenvertrag. Wie bei einem Ehe- und Erbvertrag regelt ein Kreditvertag alle Einzelheiten für alle denkbaren unternehmerischen Situationen, für Zweifelsfälle gibt es zudem die Allgemeinen Geschäftsbedingungen (AGB). Das berühmte Kleingedruckte, was die Bank im Notfall als Joker aus dem Ärmel ziehen kann. Sie schließen mit dem Kreditvertrag einen Bund mit der Bank, zwar nicht fürs Leben, aber doch für eine gewisse Laufzeit.

Ist der Kreditnehmer eine Privatperson, sind zu seinem Schutz viele Dinge geregelt. Da gibt es das Verbraucherkreditgesetz, eine Preisangabenverordnung, eine Beraterrichtlinie und auf (noch) freiwilliger Basis das so genannte Produktinformationsblatt, welches übersichtlich über Kosten, Risiken und Funktionsweise von Produkten informieren soll.

Ist dagegen eine Firma Kreditnehmer, gilt im Gegensatz zu einer Privatperson weitgehende Vertragsfreiheit. Es handelt sich beim Kunden wie der Bank um Kaufleute, die zunächst vereinbaren können, was sie möchten. Natürlich gelten gesetzliche Rahmenbedingungen und die Rechtsprechung hat zusätzliche Sicherungsnetze eingezogen. So zum Beispiel bei der Übernahme von Bürgschaften des Ehepartners von Unternehmern/-innen.

Es wäre natürlich ein Trugschluss anzunehmen, Sie könnten alle Bedingungen wirklich individuell verhandeln. Vereinfacht ausgedrückt gilt die Formel: Je kleiner das Unternehmen, desto standardisierter der Vertrag. Aber auch für größere Unternehmen sind die Bedingungen weitgehend standardisiert. Einzelne Vertragsteile sind insbesondere bei bonitätsmäßig guten Firmen verhandlungsfähig.

Das gilt zum Beispiel für die so genannte Transferklausel. Diese Klausel besagt, dass Ihre Bank berechtigt ist, das wirtschaftliche Risiko aus Ihrem Kredit auf Dritte zu übertragen. Das passiert, um die Bank von Eigenkapitalanforderungen in Folge von Basel II zu entlasten. Manchmal dient es auch der Streuung von Risiken. Der Insider spricht dann von Risikodiversifizierung im Rahmen von synthetischen Verbriefungen. Was geschieht da? Ihr Kreditrisiko befindet sich auf diese Art und Weise in einer Wertpapieranlage wieder. Vorher ist es – mehr oder weniger anonymisiert – von Ratingagenturen, Wirtschaftsprüfern, von anderen Finanzinstituten etc. geprüft und in Pakete verschnürt worden. Diese Pakete werden dann am Schluss bei Investoren platziert. Ihr Kreditrisiko landet so über verschiedene juristische Umwege bei Ihnen nichtbekannten Anlegern, wie Pensionsfonds oder Versicherungen. Kommt Ihnen das bekannt vor? Stimmt, es handelt sich hier um ein Modell, das auch bei den so genannten Subprime-Krediten, Auslöser der Finanzkrise, zum Einsatz kam.

Wenn nur das Risiko aus Ihrem Kredit übertragen wird, muss das nicht dramatisch sein. Ihre Bank bleibt Ihnen schon erhalten. Die Bank optimiert letztlich nur die eigene Bilanz. Ihnen kommen die dadurch möglichen günstigeren Konditionen zu Gute. Anders sieht es aus, wenn die Kreditforderungen komplett verkauft werden. Bei diesen auch als *true sale* bezeichneten Geschäften geht der Kredit juristisch komplett auf einen neuen Gläubiger über. Da kann es dann böse Überraschungen geben, wenn sich plötzlich ein bis dahin unbekannter Gläubiger meldet. Solche Fälle gingen durch die Presse. Meist handelte es sich um Kreditschuldner in Schwierigkeiten, deren Kredite bei einem Abwicklungsprofi gelandet waren. Das sind Gesellschaften, die das geschuldete Geld zurückbekommen wollen. Sie sind dabei für eine nicht gerade zartfühlende Umgangsweise mit ihren neuen Schuldnern bekannt.

Es gibt Institute, die den Kunden ein Wahlrecht geben, ob und in welcher Form sie die Transferklausel unterschreiben möchten. Unterschreibt man nicht, fallen die Kredite etwas teurer aus. Unterschreibt man dagegen eine umfassende Klausel mit allen möglichen Rechten, wird es analog etwas günstiger.

Fazit für Sie zur Transferklausel: **Check EB**

- *true sale* Variante – juristischer Verkauf der Kreditforderung der Bank Ihnen gegenüber an einen Dritten (Bank, Hedgefonds etc.)

  Hier handelt es sich um die Hardcore-Variante. Sie befreien Ihr Kreditinstitut vom Bankgeheimnis und öffnen Tür und Tor für alle denkbaren Verkaufsoptionen. Von einer Unterzeichnung würde ich ganz klar abraten. Sie wollen ja nicht unbekannten Institutionen Ihre wirtschaftlichen Verhältnisse offenlegen und plötzlich wildfremden Menschen am Verhandlungstisch gegenübersitzen.

- Refinanzierungsvariante – sicherungsweise Abtretung der Kreditforderung der Bank Ihnen gegenüber an andere Banken

  Bei dieser Variante erlauben Sie Ihrer Bank, die Forderung aus dem Kredit nur sicherungshalber abzutreten. Ihre Bank bleibt Ihnen aber erhalten. Es gibt keinen Gläubigerwechsel. Das wird meistens mit der Bundesbank praktiziert. Ihre Bank kann sich bei der Bundesbank günstige Mittel beschaffen und damit den Ihnen gewährten Kredit günstiger refinanzieren. Eine derartige Variante können Sie meines Erachtens ohne Bedenken unterschreiben. Idealerweise fällt die Kreditkondition dafür noch etwas günstiger aus.

  Haben Sie der Klausel zugestimmt und Ihre Bank refinanziert sich bei der Bundesbank, müssen Sie Ihre wirtschaftlichen Verhältnisse bei der Bundesbank offenlegen. Sie werden dann von der Bundesbank gebeten, Ihre Jahresabschlüsse sowie eine Selbstauskunft vorzulegen. Unternehmen, die früher mit Wechseln gearbeitet haben, ist dieses Verfahren bekannt. Gegen Herausgabe der Unterlagen und Informationen an die Bundesbank gibt es aus meiner Sicht keine Einwendungen.

- Variante Abtretungsverbot – auch Klausel mit Verkaufsschutz genannt

  Sind Sie in einer guten Verhandlungsposition, können Sie auf die Hardcore-Variante aus Kundensicht bestehen. Sie verbieten dadurch der Bank jeglichen Verkauf, die Abtretung oder die Verpfändung der Kreditforderung gegen Sie. Sie erteilen keinerlei Befreiung vom Bankgeheimnis. Damit geht nichts für die Bank ohne Ihr vorheriges Einverständnis. Sie legen Ihrer Bank Fesseln an, was sich in einer höheren Kreditkondition bemerkbar machen wird.

Ihnen muss aber klar sein, dass, falls eine erhebliche Vermögensverschlechterung Ihrerseits eintritt (eine beliebte Formulierung in den AGB der Bank), dann alles hinfällig ist. Dies bedeutet, wenn sich Ihre Bonität dramatisch verschlechtert, Sie Ihre Zins- und Tilgungsleistungen nicht mehr ordnungsgemäß erbringen, besteht die Gefahr eines Verkaufes der Kreditforderung an einen so genannten Abwickler. Dann sollten Sie auf hartnäckige Verhandlungspartner, juristisches Feuer und spürbar steigende Zinsen vorbereitet sein.

Was ist nun der Inhalt eines Kreditvertrages? Die wesentlichen Elemente sind:

- Kreditbetrag
- Laufzeit der Kreditzusage
- Rückzahlungsvereinbarung (Tilgungsregelung)
- Konditionen, wie: Zinsen, Bearbeitungsgebühren, Auszahlungsabschlag (Disagio)
- Sicherheiten
- Informationspflichten des Unternehmens, Offenlegung der wirtschaftlichen Verhältnisse
- Kreditvertragsklauseln (Covenants)

Den Ehe- und Erbvertrag macht der Notar. Er klärt die Ehepartner vorher über die Wirkungen der vertraglichen Vereinbarungen als neutraler Ratgeber auf. In diesem Stadium sind sich die Partner gewogen und treffen faire Regelungen. Idealerweise wird der Vertrag nach seiner Beurkundung nie mehr aus der Schublade geholt, da er nicht gebraucht wird. Kommt es aber zur Scheidung, sind die Bedingungen der Auseinandersetzung im Vertrag für beide Ehepartner verbindlich geregelt. Dementsprechend einfach wird es für den Scheidungsrichter.

Ähnlich ist es mit dem Kreditvertrag. Es gibt aber einen entscheidenden Unterschied: Der Kreditvertrag wird nicht beurkundet, kein Notar klärt über Risiken und rechtliche Fußangeln auf. Nun sollte man nicht hinter jeder Ecke Gefahr vermuten. In der Regel sind Kreditverträge nicht darauf angelegt, Kunden über den Tisch zu ziehen. Die Bank möchte den Kredit einfach eines Tages vereinbarungsgemäß zurückbezahlt bekommen (es sind ja Gelder ihrer Anleger). Insofern baut sie für den Fall von Rückzahlungsschwierigkeiten Regularien und Sanktionen ein. Diese Regularien sollten Sie sich genau ansehen. Die allerwenigsten Kreditverträge landen vor Gericht. Wenn es Nachbesserungsbedarf gibt, wird dieser mehr oder weniger einvernehmlich diskutiert und gegebenenfalls durch neue Vereinbarungen ersetzt. Sollte das Unternehmen sich allerdings bonitätsmäßig spürbar verschlechtert haben – und das trifft auch für sehr gesunde und große Unternehmen bei einer allgemeinen Wirtschafts- und Finanzkrise zu – dann ergeben sich die Auslegungsregeln allein aus dem Kreditvertrag.

Wenn man den Vertrag bei Unterzeichnung nicht genau gelesen hat, sollte man ihn spätestens bei beginnender Verschlechterung der wirtschaftlichen Unternehmenssituation genauestens lesen. Auch das Kleingedruckte und die AGB werden in schwierigen unternehmerischen Zeiten spürbar wichtiger. Der Unternehmer muss allerdings aufpassen, keine Kündigung des Kreditvertrages zu provozieren. Es gibt hier einige vermeidbare Fußangeln, die Unternehmen immer wieder in bedrohliche Lagen bringen.

Fazit für Sie

Alle bestehenden Kreditverträge genauestens lesen und auf Einhaltung Ihrer eingegangenen Verpflichtungen prüfen. Dies gilt insbesondere dann, wenn sich Ihre Unternehmensbonität zu verschlechtern beginnt.

Auf eine Besonderheit in Kreditverträgen sei noch hingewiesen, den Schuldbeitritt. Bei Kreditverträgen findet man immer wieder so genannte gesamtschuldnerische Mithaftungsverhältnisse. Die geschraubten Begrifflichkeiten sind schon ein Indiz, dass es sich um ein gefährliches Terrain handelt. Was liegt einer Mithaftung zugrunde? Die Bank ist mit der Bonität eines Unternehmens A nicht zufrieden und möchte unter Risikoaspekten etwas besser gestellt werden. Gibt es keine geeigneten Sicherheiten, kann ein Gesamtschuldverhältnis eine Lösung sein.

Das bedeutet, ein weiteres Unternehmen B kommt zum Kreditverhältnis im Wege eines so genannten Schuldbeitritts hinzu. Das Unternehmen B haftet dann voll für alle gegenwärtigen und künftigen Ansprüche des Unternehmens A mit und zwar so, als hätte es die Kredite selbst beansprucht. Meist werden sogar Überziehungen bis zu einem bestimmten Prozentsatz in die Haftung mit einbezogen. Häufig findet man diese Konstruktion, wenn ein Unternehmen in eine Besitz- und eine Betriebsgesellschaft aufgespalten worden ist. In der Regel befinden sich die Vermögenswerte, die vor allem die Betriebsimmobilien beinhalten, in einer Vermögensverwaltungsgesellschaft. Um bei unserem Beispiel zu bleiben: dies entspricht unserem Unternehmen B. Das ist zwar häufig steuerlich motiviert, führt aber zu einer schmaleren Haftungssubstanz für die Bank. Durch einen Schuldbeitritt wird die ursprüngliche, breitere Haftungsbasis wieder hergestellt. Dies bedeutet, die Besitzgesellschaft muss gegenüber der Bank geradestehen für die Verpflichtungen der Betriebsgesellschaft. Aus der Sicht der Bank ist dies deshalb interessant, weil die Betriebsgesellschaften häufig mit relativ wenig Eigenkapital ausgestattet sind und alle operativen Risiken aufgedrückt bekommen.

Fazit für Sie

bei einem Schuldbeitritt oder so genanntem Gesamtschuldverhältnis heißt es: mitgehangen ist mitgefangen. Aus einer solchen Vereinbarung gibt es kein leichtes Entrinnen. Deshalb vor der Unterschrift, wie bei Bürgschaften, eine intensive Risikoabwägung vornehmen.

Club Deal – für immer angekettet?

Ein interessantes Vertrags- und Finanzierungskonzept, das auch im Mittelstand immer mehr Verbreitung findet, ist der so genannte *Club Deal*. Eine Kreditvertragsspezialität, die meist erst bei zweistelligen Millionenkreditbeträgen zum Einsatz kommt. Sehr frei übersetzt könnte man von einem Clubgeschäft sprechen. Wenn Sie dabei an einen Club im Sinne einer geschlossenen Veranstaltung denken, liegen Sie gar nicht so falsch.

In der einfachsten Form des Club Deals beauftragt das Unternehmen seine Hausbank, die Fremdkapitalfinanzierung unter Hinzuziehung von weiteren Banken für einige Jahre sicherzustellen. Dies funktioniert in der Weise, dass die Hausbank die wirtschaftlichen Verhältnisse des Unternehmens wie üblich prüft. Sie entwickelt zudem Szenario-Rechnungen für die Zukunft und ermittelt gemeinsam mit dem Unternehmen den Bedarf an Fremdkapital für die nächsten Jahre. Dann werden die Sicherheiten analysiert und auf der Basis der Bilanzzahlen des Unternehmens wird ein vorläufiges Rating ermittelt. Von dem ermittelten Rating ausgehend werden sodann in einer ersten Kalkulation dem Risiko angemessene Kreditzinsen ermittelt.

Nach Abschluss dieser umfangreichen Vorarbeiten werden die entwickelten Ideen und Konzepte mit dem Unternehmen in all seinen Facetten diskutiert. In diesen Diskussionen versucht man, einen Ausgleich zu finden zwischen den Unternehmerinteressen und den Interessen der noch festzulegenden Gläubigerbanken. Im Ergebnis wird ein Vertragskonzept entwickelt, das alle üblichen Bedingungen umfasst. Zusätzlich enthält der Vertrag umfangreiche Regelungen in Form von so genannten Covenants. Diese Kreditklauseln besagen, wie zu verfahren ist, wenn sich die Bonität des Unternehmens verbessert oder verschlechtert. Auch wird fixiert, wie nachträgliche Vertragsänderungen aussehen sollen, wenn besondere Umstände in der Unternehmensentwicklung eintreten. Dies können zum Beispiel Veränderungen im Gesellschafterkreis oder im Management, erhebliche Neuinvestitionen oder auch der Verkauf von Tochtergesellschaften sein.

Auf der Basis dieses Vertragskonzeptes werden durch die federführende Hausbank in Abstimmung mit dem Unternehmen weitere Banken eingeladen, sich an der geplanten Gesamtfinanzierung zu beteiligen. Diese weiteren Institute sind in der Regel Banken, die ebenfalls mit dem Unternehmen in Geschäftsverbindung stehen. Ihnen wird das ausgehandelte Vertragsmodell vorgestellt. Sie können sich dann mit einer bestimmten (Konsortial-) Quote an der Gesamtfinanzierung beteiligen. Sie partizipieren am Kreditgeschäft. Von daher werden die mitmachenden Banken auch als Konsorten oder Partizipanten bezeichnet. Inhaltlich können diese „Mitläufer" meist nichts mehr nachbessern. Sie können nur akzeptieren oder ablehnen. Ist der Vertrag von allen Banken und dem Unternehmen unterschrieben, kann im Regelfall kein Bankpartner mehr ein- oder vorzeitig austreten. Die geschlossene Gesellschaft, der Bankenclub, geht ab sofort im Verhältnis zum Unternehmen, dem gemeinsamen Kunden, geschlossen und einheitlich vor.

Lässt sich die Finanzierung in der mit dem Unternehmen abgestimmten Form nicht bei anderen Banken unterbringen, spricht man von fehlgeschlagener Platzierung. Das kann eine Blamage für die Club Deal Initiatorin sein. Sie hat dann den Markt nicht richtig eingeschätzt. Vielleicht waren die Konditionen zu schlecht, das Risiko zu hoch oder die Kreditsicherheiten nicht ausreichend.

Geht die Platzierung dagegen leicht über die Bühne, könnte es sein, dass die Konditionen oder das Risiko für die teilnehmenden Banken zu attraktiv waren. Die Hausbank hat dann die Interessen des Unternehmens womöglich nicht optimal wahrgenommen und das Geschäft zu günstig am Markt, also für das Unternehmen zu überhöhten Kreditkonditionen angeboten. Die teilnehmenden Club Deal Banken freuen sich in diesem Fall über besonders hohe Margen.

Ein Club Deal ist für ein Unternehmen mit einer Reihe von Vorteilen verbunden. Zunächst ist die Fremdkapitalfinanzierung für den vorher festgelegten Zeitraum gesichert. Das gilt auch für schwierigere Unternehmenszeiten. Regeln für den Fall einer schlechteren Bonität werden schon bei Vertragsabschluss getroffen. Es ist wieder wie beim Ehe- und Erbvertrag. Er gilt für gute und für schlechte Zeiten. Vereinfacht ausgedrückt hat das Unternehmen einige Zeit Ruhe an der Bankenfront und kann sich auf die eigentlichen unternehmerischen Aufgaben konzentrieren. In Unternehmenskrisen treten die Vorteile eines Club Deal besonders deutlich zu Tage. Alle Banken müssen zu den vorher abgesprochenen Bedingungen an Bord bleiben. Häufig „verduften“ Banken, die nur mit niedrigen Krediten engagiert sind, aus dem Kreis der Geldgeber. Durch einen Club Deal werden sie durch das Vertragswerk diszipliniert. Natürlich wird es für das Unternehmen in der Krise aufgrund von Covenants-Brüchen wesentlich teurer, vom Reporting her schwieriger und auch sicherheitenmäßig enger. Aber alle finanzierenden Banken werden gezwungen, bei der Stange zu bleiben und gegebenenfalls eine Restrukturierungssituation bei der Unternehmung mitzutragen. Wenn dann auch noch *fresh-money*, also neue Kredite, erforderlich sein sollten, sind die Quoten schon geklärt. Sich in einer solchen Situation als beteiligte Bank durch die Hintertür zu verabschieden wird wesentlich schwieriger. Dieses Verhalten ist auch bei Instituten, die sich in einem Club Deal zusammenschließen, verpönt. Solche Banken verlieren ihr Gesicht und werden bei künftigen Club Deal Finanzierungen nicht mehr eingeladen.

Ein weiterer großer Vorteil liegt in der Effizienz. Die Hausbank arrangiert die gesamten Verhandlungen, die Korrespondenz sowie die Dokumentation. Insofern hat das Unternehmen nur einen einzigen Verhandlungs- und Vertragspartner. Es spart sich Einzelverhandlungen und Einzelverträge mit den anderen Bankpartnern. Der *Arrangeur* übernimmt die gesamten Verhandlungen mit den anderen Vertragsparteien, den Konsorten oder den Partizipanten. Das Gleiche gilt für die gesamte technische Abwicklung aber auch die Administration der vertraglichen Umsetzung. Die Konditionsanpassungen, die Prüfung der Einhaltung der Covenants sowie die erforderlichen Änderungen von Vertragsbedingungen und so weiter und so fort.

Empfehlungen eines Insiders

Die Hausbank, auch Arrangeur oder englisch Arranger genannt, sollte mit dem Instrument des Club Deal ausreichend Erfahrungen haben. In der Regel kann man dies bei größeren und international tätigen Banken unterstellen. Lassen Sie sich eine Referenzliste mit Mandaten vorlegen. Bank und Unternehmen sollten sich jeweils gut kennen und eine langfristig angelegte Vertrauensbeziehung aufgebaut haben. Der Unternehmer / Finanzchef sollte Erfahrungen mit den teils komplexen Club Deal Regelungen haben. Da die Veränderungen üblicherweise auf Jahre gelten, müssen die Mechanismen, die in schwierigen Unternehmenssituationen Wirkung entfachen, richtig eingeschätzt werden. Gegebenenfalls unter Einschaltung von externen Fachleuten, insbesondere juristischer Natur die denkbaren Szenarien durchprüfen lassen. Auch auf das Kleingedruckte in dem Vertragswerk achten. Sie sind durch den Club Deal in der Regel für einige Jahre angekettet.

Kreditklauseln (Covenants) – Papiertiger oder Fallstricke?

Covenants sind Kreditklauseln. Bei den Amerikanern und Briten, von welchen die meisten Finanzinnovationen herkommen, kennt man die Covenants schon lange. Bei uns hat das Instrument auch in Kreditvereinbarungen mit dem Mittelstand angefangen, sich zu verbreiten. Vereinfacht ausgedrückt sind Covenants vertraglich bindende Zusicherungen. Sie gelten während der Laufzeit eines Kreditvertrages. Sinn und Zweck von Covenants ist es ähnlich einem Ehe- und Erbvertrag, in guten Zeiten Vereinbarungen zu treffen, wie sich beide Partner zukünftig in bestimmten Situationen verhalten sollen. Das bedeutet, man regelt die Zeit nach dem Honeymoon, wobei eine Scheidung und deren Regelung schon inbegriffen sind. Wenn dadurch langwierige Auseinandersetzungen vermieden werden können, ist das nicht nur eine kostengünstige, sondern auch pragmatische und faire Lösung.

Covenants im Rahmen von Kreditvergaben haben also das Ziel, für beide Seiten zuverlässige Absprachen zu schaffen. Damit werden zwei Zielsetzungen verfolgt:

Die Bank will über die Covenants die Gewissheit haben, stets aktuell über die Bonität der Firma und damit über das Kreditrisiko informiert zu sein. Bei einer Verschlechterung sollen nicht lange kraftzehrende Diskussionen geführt werden müssen. Die nächsten Schritte sollen vielmehr automatisch in Kraft treten.

Umgekehrt hat der Kreditnehmer ein höheres Maß an Gewissheit, bei verschlechterten Bedingungen seiner Bonität nicht gleich mit einer außerordentlichen Kündigung seines Kreditvertrages rechnen zu müssen. Vielmehr wird in guten wirtschaftlichen Zeiten geregelt, unter welchen Bedingungen das Kreditverhältnis fortgeführt wird und was das Unternehmen bei einer verschlechterten Situation konkret tun muss.

Grundsätzlich kennen wir drei Arten von Covenants:

- allgemeine Verpflichtungen - *General-Covenants*,
- Informationsverpflichtungen – *Information-Covenants*,
- Verpflichtung zur Einhaltung von Finanzkennzahlen – *Financial-Covenants*

Sie haben als Unternehmer schon sehr wahrscheinlich Covenants unterschrieben, ohne sich dessen womöglich bewusst gewesen zu sein. Zwei Klauseln gibt es nämlich in den Kreditverträgen fast aller Banken schon seit Jahrzehnten. Sie als Covenants zu bezeichnen war allerdings nicht üblich, sie hießen einfach sonstige Kreditbedingungen. An ihrer Bedeutung haben sie nicht im Mindesten eingebüßt, ganz im Gegenteil.

Es geht zum Einen um die Gleichbehandlungs- oder Nichtschlechterstellungs-Klausel, eine allgemeine Verpflichtung. Sie läuft darauf hinaus, die kreditgebende Bank im Verhältnis zu Konkurrenzbanken, wenn die Ihnen auch Kredit geben, nicht zu benachteiligen. Ich will Sie in diesem Buch nicht mit Vertragstexten und juristischen Spitzfindigkeiten quälen. Angesichts der elementaren Bedeutung muss ich bei diesem Thema aber zwei Ausnahmen machen. Die erste Klausel, die Gleichbehandlungsklausel, lautet in etwa wie folgt:

> *Der Kreditnehmer wird die Bank/Sparkasse bei der Stellung von Sicherheiten unter Vereinbarung von Darlehensbedingungen nicht schlechter stellen als andere Kreditgeber mit Krediten vergleichbarer Laufzeiten. Sollte der Kreditnehmer anderen Banken/Sparkassen Sicherheiten stellen, durch die diese besser stünden als die Bank, wird er die Bank zuvor oder gleichzeitig und im gleichen Rang an diesen Sicherheiten beteiligen oder ihr gleichwertige und gleichrangige Sicherheiten stellen. Auch im Fall einer Umschuldung kurzfristiger unbesicherter Kredite in längerfristige besicherte Darlehen wird der Kreditnehmer der Bank für ihre Kredite im Vorfeld eine Umschuldung gegen eine entsprechende Besicherung anbieten.*
>
> *Sollte der Kreditnehmer mit anderen Banken/Banken Finanzkennzahlen vereinbaren, die diese besser stellen würden als die Bank, so wird er der Bank den Abschluss einer Nachtragsvereinbarung anbieten, durch die die Bank hinsichtlich der Finanzkennzahlen ebenso gestellt wird, wie die anderen Kreditinstitute.*

Selbst ein Profi wird diesen Text konzentriert und mehrmals lesen müssen, um die Konsequenzen richtig einschätzen zu können. Machen wir es kurz. Womöglich werden Sie nach der Klausel automatisch verpflichtet, Ihrer Bank von sich aus nachträglich Sicherheiten anzubieten. Wenn Sie mehrere Banken haben, ist die Wahrscheinlichkeit hoch, dass Sie früher oder später gegen diese Klausel verstoßen, da es selbst für einen Experten Graubereiche gibt, in denen man unterschiedlicher Auffassung sein kann. Es heißt also aufpassen, um zumindest größere Schnitzer zu vermeiden. Bei streng juristischer Vertragsinterpretation geraten Sie nämlich schnell in die Defensive.

Die zweite Klausel, eine Informationsverpflichtung kann höchste Brisanz erhalten. Sie lautet:

> *Der Kreditnehmer wird die Bank/Sparkasse über Reduzierungen oder Streichungen seiner bestehenden Kreditlinien bei anderen Kreditinstituten und/oder Versicherungsunternehmen (zum Beispiel bei Avalen) unverzüglich informieren. Das gilt auch für solche Kreditlinien, die dem Darlehensnehmer nach Abschluss dieses Darlehensvertrages von anderen Kreditinstituten und/oder Versicherungsunternehmen zugesagt und danach während der Laufzeit dieses Darlehensvertrages gestrichen werden.*

Ein nicht leicht zu verstehender Vertragsbaustein mit extrem gefährlicher Hebelwirkung. Sind Sie mit Ihrem Unternehmen nämlich gerade in einer schwierigen Situation, sollten Sie diese Klausel, die sich in Ihren Kreditverträgen befinden wird, sehr ernst nehmen. Zieht sich eine Bank aus dem Kreis Ihrer kreditgebenden Institute bei Ihnen zurück, kann das eine Eskalation, eine Kettenreaktion auslösen und den Niedergang einer Firma durch den Zusammenbruch der Finanzierungsversorgung auslösen. Darum sind die noch an Bord befindlichen Institute so ängstlich, es könnte ein Institut ausbrechen. Passiert es, steckt der Unternehmer in einem teuflischen Dilemma. Geht er entsprechend seiner vertraglichen Verpflichtung offen damit um, löst er womöglich selbst den Todesstoß aus. Umgekehrt hat er die Chance, dass die verbliebenen Banken ein Finanzierungspaket zum Überleben schmieden. Angeführt von einer starken Hausbank gelingt es durch Gruppendruck oder politische Schützenhilfe, Institute mit „Fluchtabsichten" zurück an den Verhandlungstisch zu zwingen Geht der Unternehmer aber auf Tauchstation und sagt nichts, hilft ihm keiner und er muss mit einem noch knapperen Kreditlinienkorsett klarkommen. Das kann gut gehen, häufiger lässt es sich aber nicht unter der Decke halten und die verbliebenen Banken reagieren entsprechend verärgert.

Neben den oben aufgeführten beiden Standard-Covenants haben die Financial-Covenants auch beim Mittelstand zunehmende Bedeutung erlangt.

Es gibt sie in vielen Varianten. Kennzahlen dazu werden in dicken Wälzern abgehandelt. Meist geht es um drei Bereiche:

- Eigenkapital / Verschuldungskennzahlen
- Ertragskennzahlen
- Liquiditätskennzahlen

Im ersten Schritt einigen sich Bank und Unternehmen auf die festzulegenden Kennzahlen, bei deren Einhaltung für die Zukunft alles im grünen Bereich wäre. Verschlechtern sich die Kennzahlen, treten automatisch vorher vereinbarte Anpassungen ein. Es kann für diesen Fall z.B.

- die Stellung zusätzlicher Sicherheiten,
- die Erhöhung des Eigenkapitals,
- die Zahlung höherer Zinsen,
- die Übernahme einer persönlichen Bürgschaft durch den Firmeninhaber / Hauptgesellschafter

vereinbart sein.

Beispiel:

Sie vereinbaren als Covenant für die Laufzeit des Kredites permanent eine Eigenkapitalquote in Höhe von 25 Prozent der Bilanzsumme einzuhalten. Sobald dann die nächste Bilanz fertiggestellt ist, wird die Eigenkapitalquote ermittelt. Ist die Quote über 25 Prozent, ist alles

Bestens. Ist die Quote aber darunter, treten die vorher vereinbarten Verpflichtungen für Sie ein.

Diese Auswirkungen sind im Vorfeld individuell gestaltbar. Am häufigsten werden Margenanhebungen bei den Zinsen oder Sicherheitennachforderungen vereinbart. Was heißt das? Nehmen wir im vorherigen Beispiel an, das Unternehmen hat nur eine Eigenkapitalquote von 20 Prozent oder gar nur 15 Prozent, dann kann vereinbart sein, dass sich der Kontokorrentzinssatz bei 20 Prozent Eigenkapitalquote um einen Prozentpunkt erhöht, bei 15 Prozent Eigenkapitalquote um zwei Prozentpunkte. Es kann auch die Verpflichtung abgesprochen sein, bei 20 Prozent für den bis dahin blanko gewährten Kredit Sicherheiten stellen zu müssen. Bei 15 Prozent Eigenkapitalquote könnte vereinbart sein, dass der Unternehmer zusätzlich eine persönliche Bürgschaft stellen muss, damit die Bank im Notfall auf dessen persönliches Vermögen zugreifen kann.

Bei der Einhaltung vorgegebener Covenants, die man sich wie Leitplanken vorstellen kann, weiß die Bank, dass das Risiko der Kreditvergabe und die Zinsen sich stets im kalkulierten Rahmen bewegen. Die Einhaltung der Covenants sollte an sich vom Unternehmen selbst überwacht und ein so genannter Covenantbruch dem Kreditgeber gemeldet werden. In der Regel ist es beim Mittelstand aber so, dass im Rahmen der Vorlage des Jahresabschlusses oder auch der Quartalszahlen durch die Bank die Einhaltung der Covenants geprüft wird. Ergibt sich ein Covenantbruch, treten die vorher vereinbarten Folgen ein.

Entscheidend ist selbstverständlich der Grad des Covenant-Verstoßes, also das Ausmaß der Verschlechterung der Kennzahlen. Man wird hier zunächst prüfen, ob es sich um einen erstmaligen oder wiederholten Verstoß gegen die Leitplankenregelung handelt. Als nächstes wird geprüft, ob der Bruch von Covenants milde, nennenswert oder massiv war.

Keine Bank hat ein Interesse daran, schnell eine Kündigung auszusprechen und das Unternehmen in die Insolvenz zu treiben. Intern würde das ohnehin eine ganze Reihe von sehr unangenehmen Berichtspflichten auslösen. In der Regel ist die Kündigungsandrohung eher ein pädagogisches Druckmittel. Bei einem erstmaligen und milden Verstoß sind Banken häufig zum Dulden bereit. Ist der

Verstoß gewichtiger, werden sich zunächst die Zinsbedingungen für das Unternehmen verschlechtern. Im Rahmen einer so genannten *Waiver-Lösung* wird die Bank eine modifizierte Regelung mit Ihnen treffen. Das können unterschiedlichste Auflagen und Bedingungen sein, wobei der *Waiver* auf jeden Fall eine Gebühr (*fee*) kostet.

Covenant-Brüche massiverer Art können eben solche Auflagen zur Folge haben. Hier gibt es ein breites Spektrum an Folterinstrumenten. Stellung zusätzlicher Sicherheiten, Erhöhung des Eigenkapitals, Beschränkung von Entnahmen der Gesellschafter, Unterlassung von Investitionen, Verpflichtung zur Veräußerung von nicht betriebsnotwendigen Vermögensteilen und vieles mehr.

Lässt sich ein Covenant-Verstoß nicht vermeiden, sollten Sie rechtzeitig in den Dialog mit der Bank treten. Die Angst der Banken ist es, von Risiken überrascht und in eine hilflose Position gedrängt zu werden. Wenn Sie gleichzeitig durch eine realistische Planung aufzeigen können, dass Sie die Lage im Griff haben und die Kennzahlen werden in Bälde wieder eingehalten oder Sie haben bereits massive Maßnahmen eingeleitet, um Liquidität zu beschaffen (zum Beispiel Eigenkapitalaufstockung), dann wird die Bank eher erleichtert sein. Die Sanktionen werden moderat ausfallen.

Es empfiehlt sich von vornherein praktikable Kennzahlen zu verwenden, um keine aufwendigen Ermittlungs- oder Überwachungsverfahren unterhalten zu müssen. Idealerweise vereinbaren Sie Kennzahlen, die Sie ohnehin für Ihre Unternehmenssteuerung verwenden. Je größer Unternehmen sind, umso größer meist die Regelungsbedürfnisse. Dann können Covenants sehr komplex ausfallen. Da es unterschiedliche Interpretationen gibt, wie eine Kennzahl zum Beispiel Ihr Betriebsergebnis (EBITDA) definiert ist, werden die zugrunde liegenden Berechnungsmethoden zum Bestandteil der Kreditverträge gemacht.

Empfehlungen eines Insiders

Covenants werden meistens vereinbart, wenn es dem Unternehmen gut geht und kein Wölkchen den Himmel trübt. Bank und Unternehmen gehen davon aus, es bleibt auch so, aber für den Fall einer Verschlechterung zurrt man schon einmal die zukünf-

tigen Bedingungen zur Sicherheit für beide Seiten fest.

Gut geeignet sind Covenants auch dann, wenn große unternehmerische Veränderungen anstehen. Beispielsweise erhebliche Investitionen oder Betriebsverlagerungen. Die Wirkungen auf die Bilanz und Gewinn- und Verlustrechnung sind in der Planungsphase auch wegen der während der Investitionsphase eintretenden Marktveränderungen schwer einschätzbar. Covenants erlauben es dann, vorerst auf womöglich kostenaufwendige notariell zu beurkundende Besicherungsvereinbarungen zu verzichten. Der Verlauf des Projekts kann zunächst abgewartet werden.

Das verführerische an Covenants ist, dass sie einfach sind, privatschriftlich zu regeln, billig und von daher schnell unterschrieben. Dennoch sollten Sie die Wirkung nicht unterschätzen. Die Bank hat über die Covenants das Ruder fest in der Hand. Ein weiterer Vorteil ist, dass die Wirkungen automatisch in Kraft treten. Es muss kein Kredit gekündigt werden, es geht keine wertvolle Zeit verloren. Der Anspruch der Bank entsteht in dem Moment, in dem der Unternehmer die Covenant-Vereinbarung gebrochen hat. Ihnen muss deshalb klar sein, welche Wirkungen bei Covenant-Brüchen kommen können und ob Sie die Konsequenzen in der vorhin beschriebenen Form wirklich tragen wollen und können. Deshalb sollten Sie die den Covenants zugrunde liegenden Formeln genau lesen und in Ruhe gegebenenfalls unter Hinzuziehung von fachkundigen Beratern verschiedene Szenarien durchspielen, bevor Sie die entscheidende Unterschrift leisten.

Häufig gehen Unternehmen an Covenants zu optimistisch heran. Das Korsett, das auf Basis der eigenen Planzahlen der Firma geschnürt wird, ist dann von vornherein zu eng angelegt. Hier sollte auf genügend Spielraum geachtet werden, damit das Unternehmen auch atmen kann. Es macht nämlich keinen guten Eindruck und kostet womöglich viel Geld, wenn kurz nach Unterzeichnung des Kreditvertrages die Covenants gebrochen werden.

Banksanktionen – funktioniert Ihr Frühwarnsystem?

Hat der Kunde eine Million Euro Kredit und kommt in eine schwierige Situation, hat er ein Problem. Hat der Kunde hundert Millionen Euro Kredit und gerät er in Schwierigkeiten, dann hat die Bank ein Problem, und zwar ein großes. Hier spiegeln sich die Machtverhältnisse wider, ein kleiner Kunde gegen die große Bank, ein schwieriges Unterfangen. Die wenigsten Kunden sind der sprichwörtlich erfolgreiche David gegen Goliath. Eine große Bank hat eben ein umfangreiches Sortiment an Folterwerkzeugen, um Verstöße gegen Kreditvereinbarungen zu sanktionieren.

In der mildesten Form werden die Daumenschrauben gefühlvoll angezogen. In der Regel sind das Erhöhungen der Kreditkonditionen. Womöglich werden auch andere Gebühren, z.B. im Zahlungsverkehr oder im Auslandsgeschäft angehoben.

In der nächsten Stufe kann der Folterknecht dann schon mal eine Lastschrift oder einen Scheck zurückgeben. Das ist zunächst nur peinlich für den betroffenen Kunden. Der Lieferant, die Leasingfirma oder der Vermieter erfährt, dass das Unternehmen offenbar einen finanziellen Engpass hat. Dieser Warnschuss wird vom Banker gerne aus pädagogischen Gründen eingesetzt. Natürlich lässt sich eine derartige Zahlungsstörung leicht beheben, man entschuldigt sich bei der Bank und dem Zahlungsempfänger, also dem Geschäftspartner und meint, schon wäre alles wieder gut.

Aber, Vorsicht! Eine solche Zahlungsstörung wirkt über das Ratingelement „kritisches Kontoverhalten“ negativ auf das Unternehmensrating bei der Bank und das wirkt nachhaltig verteuernd. Eine Scheck- oder Lastschriftrückgabe läuft häufig über weitere Banken. Hat das Unternehmen dann auch noch mehrere Bankverbindungen, kann der systeminterne Warnmechanismus auch dort Auffälligkeiten bewirken und negative Signale auslösen. Die Warenkreditversicherung wird über den Lieferanten, der zur Meldung der Leistungsstörung verpflichtet ist, auf die Scheckrückgabe aufmerksam. Der Kreditversicherer wird wahrscheinlich das Limit für Forderungsversicherungen überdenken. Dies wiederum kann dazu führen, dass Banken Forderungen gegen Ihr Unternehmen nicht mehr als so werthaltig betrachten. Damit kann Ihr Lieferant die Forderung seiner

Bank nicht als Sicherheit, als so genannte Zession, anbieten. Man sieht: kleine Ursache – große Wirkung.

Auch relativ kleine Zahlungsstörungen können einen Rattenschwanz von negativen Reaktionen auslösen. Das ist an sich schon schlimm genug, aber nun kommt erst der Hammer: Diese Zahlungsstörungen sind nun in vielen Datensystemen erfasst und bleiben über Jahre gespeichert. Es wird nichts vergessen und das betroffene Unternehmen wundert sich, dass es weder bei Lieferanten noch bei Warenkreditversicherern, Banken, Vermietern oder Leasingfirmen einen Fuß auf den Boden bekommt. Der Unternehmer rätselt und fragt sich, warum er überall abblitzt. Es bewahrheitet sich auch hier: Es dauert Jahre, eine Vertrauensbasis aufzubauen, verspielt ist das Vertrauen in einem kurzen Moment.

Die nächste Sanktionsstufe wird unter Bezugnahme auf den Kreditvertrag unter Fristsetzung bestimmte Forderungen beinhalten. Beispielsweise die sofortige Rückführung einer Überziehung, die unverzügliche Stellung von Sicherheiten oder die Übernahme einer persönlichen Bürgschaft und Ähnliches. Das bedeutet für das Unternehmen höchste Alarmstufe. In dieser Situation unterzutauchen, macht keinen Sinn. Dadurch verschärft sich die Lage weiter. Selbst wenn die Bank tatsächlich nicht im Recht sein mag, gilt es, sofort zu handeln und sich der Situation zu stellen. Es muss Schlimmeres vermieden werden und in der Regel sind Banker keine Unmenschen. Die Kundenbetreuer stehen selbst unter enormen Druck und werden durch ihre internen Datensysteme zu bestimmten Handlungsmustern gezwungen. Auf dem Verhandlungswege erreicht man meist mehr als sich auf formaljuristische Positionen zu berufen. Man kann die Situation ausführlich erklären, vielleicht unter Hilfestellung des eigenen Wirtschaftsprüfers/Steuerberaters die Situation entschärfen, einen Zeitaufschub verhandeln, eine Tilgungsvereinbarung treffen etc. Entgegen der landläufigen Meinung hat die Bank grundsätzlich kein Interesse daran, die Situation eines Kunden zu verschärfen oder ihn schlechter zu bewerten, als er es ohnehin ist. Dann fielen nämlich in der internen Kalkulation der Kundenbeziehung noch höhere Risikokosten an und dadurch würde sich die Kalkulation der Geschäftsverbindung aus Sicht des Kundenbetreuers weiter verschlechtern.

Wenn die Gefahr, dass der Kredit nicht mehr zurückgezahlt werden könnte, allerdings als sehr hoch eingeschätzt wird, wechselt der

Bearbeiter in der Bank. Dann gelangt die Verantwortung für das Kreditengagement in die Hände eines Sanierungs- oder Abwicklungsexperten. Womöglich muss die Bank eine Wertberichtigung auf den Kredit bilden (eine vorweggenommene Abschreibung). Damit nehmen die Dinge einen unerfreulichen Verlauf, der auf das Unternehmen durchschlägt. Aber auch der bisherige Kundenbetreuer hat kein leichtes Gespräch mit seinem Chef zu erwarten. Er hat mit seinem Kunden und seiner womöglich falschen Risikoeinschätzung der Bank Probleme bereitet. Bei vielen Banken hat das Konsequenzen für die für das Kreditengagement verantwortlichen Mitarbeiter (Kundenbeteuer und Analyst). Dann können deren variablen Anteile des Gehalts gekürzt werden. Im schlimmsten Fall, wenn größere handwerkliche Fehler bei der Risikobewertung oder bei der Bearbeitung gemacht oder negative Informationen unterschlagen worden sind, können sogar arbeitsrechtliche Konsequenzen die Folge sein. Häufig ist dies die Ursache, wenn Banker ohne Vorankündigung kurzfristig aus dem Kreditinstitut ausscheiden.

Wenn die Unternehmenssituation so schlecht ist, dann ist die höchste Gefahrenstufe erreicht. Für den Unternehmer sind schwere Entscheidungen zu treffen. Noch einmal eigenes Geld in die Hand nehmen, das Tafelsilber verwerten, die eigene Existenz in die Waagschale werfen oder die Reißleine ziehen und die (Plan-) Insolvenz wie einen Tsunami über sich hinwegfegen lassen.

Kreditkündigung – eine berechtigte Horrorvorstellung?

Ein Kreditvertrag besteht in der Regel aus dem individuellen Vertragswerk, den besonderen Kredit- und Darlehensbedingungen und schließlich den Allgemeinen Geschäftsbedingungen (AGB). Wenn es sich um einen normalen Unternehmenskredit ohne Besonderheiten handelt, kommen Sie da schon locker auf fünfzehn bis zwanzig DIN A4 Seiten Vertragstext. Bei mehreren Krediten und mehreren Banken kommt da im Laufe eines Unternehmerlebens schon einiges zusammen und Sie können ja nicht jeden einzelnen Vertrag vom Anwalt überprüfen lassen. Im Regelfall ist das auch nicht erforderlich. Das empfiehlt sich eher bei Konsortial - oder Club Deal-Verträgen oder besonders komplexen Verträgen, zum Beispiel aufgrund von Covenants.

Der individuelle Kreditvertrag ist meist aufgrund vernünftiger Schriftgröße noch relativ gut lesbar. Je mehr es ans Eingemachte, also die standardisierten Rahmenbedingungen geht, desto stärker der Schrumpfungsprozess beim Schriftbild. Bei den AGB braucht dann sogar das Adlerauge eine Lesehilfe. Als Brillenträger empfinde ich manche Verträge in der Bankbranche als geradezu diskriminierend. Wenn es den ein oder anderen Kreditnehmer in den Fingern jucken würde, einen Musterprozess zu führen, hätte ich durchaus Verständnis.

Von einer fristlosen Kündigung ist bei vielen Banken in den individuellen Kreditverträgen interessanterweise nicht die Rede. Diese nicht unwichtige Klausel ist tatsächlich meist im Kleingedruckten platziert. Dort aber – in allen Verträgen, die ich gesehen habe – zumindest mit Überschrift „Kündigung aus wichtigem Grund" versehen.

Vom Recht zur fristlosen Kündigung darf von der Bank insbesondere dann Gebrauch gemacht werden, wenn vom Kunden

- die Zins- und Tilgungsleistungen nicht vereinbarungsgemäß erbracht wurden,
- die wirtschaftlichen Verhältnisse (Jahresabschlüsse, Zwischenzahlen etc.) nicht wie vereinbart offen gelegt wurden oder
- die Besicherungsvereinbarungen nicht eingehalten wurden.

Das bedeutet für Sie als Kreditnehmer, dass an sich nichts passieren kann, solange sich Ihr Unternehmen vertragskonform verhält, keine großen Zahlungsrückstände auftreten, Sie Ihre Unternehmenszahlen auf den Tisch legen und die vorher vereinbarten Sicherheiten liefern. Die Sorge von der fristlosen Kündigung aus heiterem Himmel wäre dann unnötig.

Selbst wenn Sie mit Zins- und Tilgungsleistungen im Rückstand sind oder ohne vorheriges Einverständnis der Bank Ihren Kontokorrentkredit überzogen haben, flattert nicht sofort die Kündigung ins Haus. Sie werden sicherlich gemahnt werden und Sie haben die Chance, innerhalb der gesetzten Frist den Grund für eine fristlose Kündigung zu beseitigen.

Ich kann Ihnen guten Gewissens versichern, in all den Jahren meiner Tätigkeit bei verschiedenen Banken ist mir kein Fall bekannt geworden, wo ein Kollege eine absolut unbegründete Kündigung ausgesprochen hätte.

Der Banker nimmt hier immer eine angemessene Güterabwägung vor, bevor er eine Kündigung ausspricht. Häufig hat er ein persönliches Interesse daran, nicht zu schnell eine Kündigung auszusprechen. Die löst nämlich bankintern eine Reihe von Konsequenzen aus. In der Regel werden das Kreditengagement und damit die ganze Kundenbeziehung in andere Hände gelegt. Je nach Sachlage kommen dann die Sanierungs- oder Restrukturierungsexperten der Bank zum Einsatz. Das sind die Kollegen, denen man nachsagt „dem Verein der deutlichen Aussprache“ anzugehören. Das sind in der Tat eher kantige, durchsetzungsstarke Typen, die mit ihrer robusten Art aber häufig sehr zum Wohle von Unternehmen wirken. Damit ist aber nicht gesagt, dass der von ihnen entwickelte Maßnahmenkatalog, auch Therapieplan genannt, angenehm in der Umsetzung für die Unternehmen wäre.

Bevor es also zur letzten Eskalationsstufe, der Kündigung, kommt, sitzen der Kreditnehmer und der Kundenbetreuer der Bank im selben Boot. Der Banker hat womöglich vor der letzten Konsequenz genauso viel Bammel wie der säumige Schuldner. Eine Kundenbeziehung mit Kündigung zu einem Kollegen abgeben zu müssen ist nicht angenehm. Womöglich werden die Umstände der Kreditgewährung nochmals untersucht, der Kundenbetreuer wird ins Kreuzverhör genommen, wenn er Risikofrühindikatoren nicht rechtzeitig erkannt hat. Fällt dann auch noch eine Wertberichtigung oder Abschreibung auf den Kredit an, wird das ziemlich unangenehm für den Kollegen. Verluste aus Kreditgeschäften werden bei allen Banken auf relativ hoher Ebene einzelfallbezogen durchgesprochen. Dort wird Nabelschau betrieben. Hat jemand Fehler bei uns gemacht, wie hätten wir die vermeiden können, was können wir daraus lernen, sind personelle Konsequenzen zu ziehen etc.?

Es gibt da noch weitere Kündigungsgründe, die regelmäßig in den AGB der Banken aufgeführt sind. Da heißt es dann:

.... ein solcher Kündigungsgrund ist gegeben:

.... wenn eine wesentliche Verschlechterung oder eine erhebliche Gefährdung der Vermögensverhältnisse des Kunden oder in der Werthaltigkeit

der für die Kredite gestellten Sicherheiten eintritt oder der Kreditnehmer unrichtige Angaben über seine Vermögensverhältnisse macht.

Wird eine Kündigung unter Berufung auf die AGB mit obigen Gründen ausgesprochen, ist regelmäßig Feuer auf dem Dach. Von einer AGB basierten Kündigung sollte ein Schuldner objektiv nicht überrascht sein, da muss im Vorfeld schon eine ganze Menge passiert sein.

Die Kündigungen, die ich beruflich gesehen habe – auch jene, die ich selbst aussprechen musste – hatten meist folgende Ursachen:

- Betrug / gefälschte Zahlen
- unrichtige Auskünfte des Unternehmens oder des Managements
- Gleichbehandlung zwischen den Banken verletzt
- Kreditversicherer haben gekündigt
- andere Banken haben gekündigt
- Gefahr in Verzug (Vermögensverfall gemäß AGB)

Die ersten beiden Gründe, nämlich Betrug und Falschangaben, sind in den letzten Jahren immer häufiger ursächlich. Das hat wohl mit dem allgemeinen Werteverfall und dem Leistungsdruck bei angestellten Führungskräften zu tun. Von daher kann ich Sie zusammenfassend etwas beruhigen. Auch bei Unternehmen in schwierigen Situationen wird versucht, Lösungen zu finden, bevor es zur letzten Konsequenz kommt. Die Kreditinstitute haben selbst kein Interesse daran, hohe Kreditverluste zu erleiden. Insofern ist die fristlose Kündigung eines der letzten Mittel, das im Kreditgeschäft zum Einsatz kommt.

Empfehlungen eines Insiders

Das Bild, das ich oben gezeichnet habe, ist Ihnen womöglich zu positiv. In der Tat gibt es Konstellationen, wo die oben aufgeführten Kündigungsgründe nicht vorliegen und dennoch ein harter Kurs durch die Bank gefahren wird.

Das kann dann passieren, wenn ein neuer Regional-/Bereichsleiter für ein Marktgebiet auf den Plan kommt oder ein neuer Risikomanager Verantwortung übernimmt. Verändert er dann die Strategie oder die Risikopolitik, geht es meist mit strenger Hand beim Risikoabbau zur Sache. Schnelle Erfolge müssen dann gezeigt werden. Da gilt das Motto, wo gehobelt wird, da fallen Späne.

Von daher meine Empfehlung an Sie: Verfolgen Sie stets aufmerksam die personellen Veränderungen bei Banken. Nutzen Sie Ihr Netzwerk, um zusätzliche Informationen und Hintergründe über die neuen Manager und deren Geschäftsgebaren in Erfahrung zu bringen. Auf diese Art haben Sie zumindest eine längere Vorwarnzeit, wenn es zu einem radikalen Kurswechsel bei der Bank kommen sollte.

Bankverhandlungen – wie vermeiden Sie Stolperfallen?

Ihr Verhandlungspartner bei der Bank – Freund oder Feind?

Ihr Firmenkundenbetreuer kann unterschiedliche Funktionsbezeichnungen auf seiner Visitenkarte stehen haben. In der Regel wird die Bezeichnung abhängig sein vom Kundensegment, in dem Sie sich befinden, und in dem Ihr Betreuer logischerweise arbeitet. Er kann dementsprechend als Firmenkundenbetreuer, Geschäftskundenbetreuer oder auch als Betreuer für gewerbliche Kunden o.Ä. bezeichnet sein. Manchmal kann auch der Filial- oder Geschäftsstellenleiter die Ansprechfunktion wahrnehmen.

Die unterschiedlichen organisatorischen Strukturen der Banken machen es für die Kunden schwer, den Gesprächspartner richtig einzuordnen. Es ist für Sie aber sehr wichtig, über die Positionierung Ihres Gesprächspartners genau Bescheid zu wissen. Denn es ist schon ein Unterschied, ob Sie es mit einem Schwergewicht oder einem Leichtgewicht zu tun haben, also bildlich gesprochen mit dem Lehrling oder mit dem Meister. Sind Sie auf hohe Beratungskompetenz, schnellen Service oder starke Durchsetzungsfähigkeit angewiesen? Losgelöst von der Größe Ihrer Firma und Ihren konkreten Anforderungen an den Betreuer sollten Sie sich Aufschluss über die Positionierung Ihres Betreuers verschaffen. Lassen Sie sich seine Aufgabe (Kundensegment) und seine hierachische Einordnung erklären. Das Gleiche gilt über seine Erfahrungen mit Firmen in Ihrer Größenordnung, Branche und spezifischen Bankanforderungen, z.B. im Auslandsgeschäft.

Ein Kundenbetreuer ist in der Regel ein Generalist. Er wird gelernter Banker sein und/oder ein Studium idealerweise in BWL/VWL abgeschlossen haben. Auch Abschlüsse an einer Bank- oder Berufsakademie vermitteln gute Grundlagen für die Beratung von Unternehmen. Wichtig ist für Sie als Kunde auch seine gute Vernetzung innerhalb der Bank. Gerade bei größeren Instituten ist es wichtig, gute interne Verbindungen zu haben, um die richtigen

Spezialisten für Problemlösungen beibringen zu können. Im Tagesgeschäft muss ein Betreuer von einem leistungsfähigen Team unterstützt werden. Das gilt vor allem, wenn es um Reklamationen oder schnelle Hilfestellung bei Ihren Problemen geht.

Erste Indikationen für die Einschätzung Ihres Kundenbetreuers geben sein Alter, seine Funktionsbezeichnung, sein interner Titel (Handlungsbevollmächtigter, Prokurist, Abteilungsdirektor etc.) und seine organisatorische, wie hierarische Einordnung (also die Frage: wie weit oben ist er?). Manchmal ist es gar nicht so wichtig, zu welcher Bank Sie Geschäftsverbindungen unterhalten. Hauptsache, Sie haben einen guten Betreuer. Er kann durch Fachkompetenzen und Engagement Schwächen seiner Bank ausgleichen. Umgekehrt können Sie an der besten Bank verzweifeln, wenn Sie einen schwachen Kundenbetreuer haben.

Es stellt sich die Frage, wie man einen guten Betreuer findet, wo man doch häufig bankintern nach Regionen, Größenklasse oder sogar Buchstabe zugeteilt wird. Entweder man lernt ihn im Rahmen eines Akquisitionsbesuchs kennen, den er bei Ihnen durchführt oder Sie können sich auf eine Empfehlung stützen. Wenn Sie schon Kunde sind, können Sie je nach Bedeutung Ihrer Geschäftsbeziehung über die Geschäfts-, Bereichs- oder Filialleitung die Zuordnung eines Betreuers mit entsprechender Qualität durchsetzen. Das kommt zumindest bei größeren Banken seltener vor, zumal der vorherige Kundenbetreuer dadurch auch sein Gesicht verliert.

Von Unternehmern wird häufig beklagt, ihr Kundenbetreuer ändere sich zu häufig. Die Kontinuität der Beziehung „Kunde / Bank“ würde darunter leiden. Die Klage ist berechtigt. Die Banken organisieren häufig um, Kundensegmente werden neu definiert, Geschäftsmodelle geändert, regionale Zuständigkeiten modifiziert, Betreuer machen Karriere etc. Eine erfreuliche Prognose kann ich Ihnen zu diesem Thema leider nicht geben. Im Gegenteil. Durch die Veränderungen in der Bankbranche (Stichwort Übernahme und Fusionen von Banken sowie drastischer Stellenabbau bei verschiedenen Instituten) gibt es Grund zur Befürchtung, die Rotationsgeschwindigkeiten beim Wechsel der Kundenbetreuer werden noch zunehmen. Dies ist umso schlimmer, als die Analysten, also die Kollegen, die Ihr Kreditrisiko beurteilen, auch immer häufiger rotieren. Zudem sind die Analysten ohnehin nicht mehr in Ihrer Region, sondern irgendwo in

Deutschland oder gar im Ausland ansässig, wo sie in so genannten Branchenkompetenzcentern zusammengeführt sind.

Eine fatale Gemengelage für Sie, den Kunden, für den eine intensive persönliche Beziehung höchste Bedeutung hat, insbesondere, wenn es um Kreditthemen geht und sich die Bankgeschäfte nicht nur primär auf den Zahlungsverkehr beschränken.

Empfehlungen eines Insiders

Bei einem Wechsel des Kundenbetreuers können Sie nicht davon ausgehen, alles Wissen sei in den Akten. Die Arbeit beginnt für Sie von vorn. Je weniger Erfahrung der „Neue" hat, umso schwerer kann er sich intern durchsetzen und umso besser müssen Sie ihn mit Unterlagen ausstatten und zu Ihrer Firma präparieren. Nur dann kann er Ihr Anliegen bankintern gut verkaufen.

In Kapitel „Wer entscheidet über Ihren Kreditwunsch" habe ich aufgezeigt, dass Ihr Gesprächspartner nicht über Ihre Kreditwünsche entscheidet. Dennoch ist seine Fachkompetenz, seine Serviceorientierung und seine Durchsetzungsfähigkeit, sein Biss, von großer Bedeutung für Sie. Warum?

Der Firmenkundenbetreuer ist Ihr Scharnier, welches Sie mit der Bank verbindet. Ihr Betreuer ist Ihr Verbindungsoffizier, PR-Manager, Pendeldiplomat, Ihr Sachwalter. Haben Sie einen guten Betreuer, hegen und pflegen Sie ihn. Die gibt es nicht wie Sand am Meer.

Ihr Firmenkundenbetreuer ist derjenige, welche Ihre Interessenslagen, Ihre Finanzprojekte und Ihre Sonderwünsche sowie Ihre Zins- und Gebührenvorstellungen in der Bank „verkauft". Er muss die Geschäftsverbindung mit Ihnen kalkulieren und die Vereinbarungen mit Ihnen intern gegen mehr oder weniger starke Widerstände durchdrücken.

Widerstände kommen zum Beispiel wegen des Kreditrisikos oder wegen mangelnder Erträge aus der Geschäftsverbindung mit Ihnen. Auch zu aufwendige Arbeitsvorgänge, die Sie verursachen, können ein Thema sein. Wenn Sie eine gute Beziehung mit Ihrem Firmenkundenbetreuer haben, können Sie ganz offen über solche Themen mit ihm sprechen.

Die wesentlichen Diskussionsfelder mit dem Kundenbetreuer werden die Folgenden sein:

Verhandlungen über Kredite

Ihr Kundenbetreuer kann über Ihren Kredit nicht selbst entscheiden. Die Entscheidung wird vom Analysten der Marktfolge oder einem Gremium getroffen, in dem die Marktfolge das Sagen hat. Aber Ihr Kundenbetreuer stellt Ihr Kreditengagement vor. Er wird womöglich von den Marktfolgekollegen wegen Ihrer Finanzierungswünsche ins Kreuzverhör genommen. Das heißt, er muss Sie, Ihr Management und Ihre Produkte gut kennen. Er muss Ihr Geschäftsmodell wirklich verstehen. Sie sind deshalb gut beraten, Ihrem Kundenbetreuer Ihr Geschäft verständlich zu erklären. Er sollte ein eloquenter Verkäufer Ihrer Sache sein. Er muss Ihre Zahlen intus haben. Dies bedeutet auch, Sie müssen ihm wesentliche Vorgänge transparent machen. Er sollte es schnell verstehen, weil Sie es leicht und verständlich aufbereitet haben. Die Unterlagen für ihn sollten lesefreundlich sein. Ihr Mann in der Bank soll Ihre Wünsche hochkompetent mit guten Argumenten überzeugend verkaufen und eine Kreditzusage für Sie erreichen. Wenn Ihr Kundenbetreuer Ihre Finanzierungswünsche für Sie genehmigt bekommen will, muss er exzellent präpariert sein, da er sich in der Bank mit kritischen Geistern auseinandersetzen muss.

Haben Sie deshalb Unterlagen mit Fehlern, Lücken oder gar Fußangeln vorgelegt, läuft Ihre Kundenberater womöglich ins Messer. Er blamiert sich. Das kann ihm generell zum Schaden gereichen. Es kann aber gerade für Ihre Firma nachteilig sein. Ihr Kreditwunsch wird abgelehnt oder mit Auflagen versehen und die Konditionen werden mit mehr Luft für die Bank kalkuliert. Aus der Diskussion mit Ihrem Kundenbetreuer kann bei den Marktfolgekollegen, welche die Kreditentscheidung treffen, ein negativer Eindruck von Ihrer Firma hängen bleiben. Bildlich gesprochen hat Ihr Unternehmen damit einen (vermeidbaren) Fleck auf der Weste. Gerade wenn Ihre Bonität eher unterdurchschnittlich ist, kommt es auf jede Dezimalstelle beim Rating an. Jede noch so minimale Ratingverschlechterung hat im schwächeren Bonitätsbereich eine überdurchschnittliche Zinssteigerungswirkung für Sie, weil dann höhere Risikoprämien kalkuliert werden. Sie haben daher allen Grund dazu, auf der Marktfolgeseite der Bank ein gutes Renommee zu haben. Zumindest sollten Sie aber frei von vermeidbaren Minuspunkten sein.

Verhandlungen über Zinsen und Gebühren

Bei den meisten Kreditinstituten hat der Kundenbetreuer die Hoheit über die Kalkulation Ihrer Geschäftsverbindung zur Bank. Dies bedeutet, er trägt die Informationen über die Erträge oder auch Verluste, die mit Ihnen erwirtschaftet werden, zusammen. Sind Sie profitabel für die Bank und die Konditionen bewegen sich im Rahmen der von der Bank festgestellten Standards, wird der Betreuer meist selbst entscheiden können.

Gibt es aber rote Zahlen oder starke Abweichungen von den Standardkonditionen, wird der Betreuer sich die Konditionen von seinem Vorgesetzten oder sogar von einem Gremium genehmigen lassen müssen.

Da die Banken momentan dringend auf Erträge jeglicher Art angewiesen sind, haben sich die Ertragsansprüche verschärft. Die Latte ist bei vielen Banken höher gelegt worden. Die Betreuer sind angewiesen, härter mit ihren Kunden zu verhandeln und bessere Margen durchzusetzen. Insofern kommen die Betreuer von zwei Seiten unter Druck. Von der eigenen Bank und von Ihnen. Meistens sind beide Seiten mit dem Verhandlungsergebnis nicht zufrieden und der Betreuer, der Überbringer der schlechten Botschaft, bekommt von beiden Seiten Prügel.

Die Banken reagieren darauf mit Vertriebs- und Preisverhandlungstrainings für die Betreuer und bläuen Ihnen konsequente Verhandlungstechniken ein. Die Unternehmer, nicht gerade Greenhorns bei Verhandlungen, halten dagegen. Sie sehen, nicht gerade leicht, der Job Ihres Kundenbetreuers, der es niemandem recht machen kann.

Verhandlungen über Spezialthemen (Cash-Management, Auslandsfinanzierung, Derivate, Anlagen etc.)

Der Kundenbetreuer wird als Generalist bei Spezialthemen in aller Regel passen müssen. Entscheidend ist die Frage: Versteht er Ihre Bedürfnisse und Ihre Zielsetzungen? Er muss Ihre Erwartungen in die Bankersprache übersetzen können. Übersetzen allein reicht aber nicht. Ihr Kundenbetreuer muss in seiner Bank mit Spezialisten verdrahtet sein und Experten von Tochter- und Beteiligungsgesellschaften der Bank kennen. Idealerweise ist er auch gut vernetzt mit Verbänden, öffentlichen Finanzierungsinstituten, Kapitalbeteiligungsgesellschaften sowie Behörden und Ministerien. Wenn Sie einen richtigen Profi als

Berater haben, kann er Ihnen erheblichen kostenfreien Zusatznutzen liefern. Sie werden schnell erkennen, ob Sie so ein Kaliber haben. Diese Betreuerkanonen sind intern – losgelöst von der hierachischen Ansiedlung – meist auch gut positioniert und haben hohe Durchsetzungskraft. Geht es also darum, ein Projekt für Sie mit hoher Priorität durchzuziehen, schaffen es solche Betreuer aufgrund ihrer internen Reputation und Position, die erforderlichen dienstbaren Geister der Bank, die Sie als Kunde meist nicht zu sehen bekommen, zu mobilisieren.

Fazit für Sie

Die Kundenbetreuer der Banken stehen wie Vertriebler von anderen Dienstleistungsunternehmen und Industriebetrieben unter hohem Leistungs- und Verkaufsdruck. Sie bekommen eine Vielzahl von Vertriebsvorgaben im Sinne des Verkaufs von margenträchtigen Produkten und natürlich soll aus jeder einzelnen Kundenbeziehung ein hervorragender Ertrag erwirtschaftet werden. Selbstredend soll es jedes Jahr noch ein bisschen mehr werden. Insofern hat der Betreuer immer ein großes Eigeninteresse, Sie nicht nur zu beraten, sondern Ihnen auch etwas zu verkaufen. Sie werden es als Privatkunde schon erlebt haben. Ein Privatkundenbetreuer versucht, Ihnen einen Bausparvertrag aufzuschwätzen, obwohl Sie längst in Immobilieneigentum leben und keinen Bedarf haben, oder Sie werden zu Aktienanlagen gedrängt, obwohl Sie keine Risiken eingehen möchten. Bei Firmen- und Geschäftskunden sehen wir eine ähnliche Tendenz. Wundern Sie sich also nicht, wenn versucht wird, Ihnen einen Swap, einen Cap oder eine Wertpapieranlage schmackhaft zu machen. Der Kundenbetreuer ist womöglich gar nicht brennend davon überzeugt, dass genau Sie eine derartige Lösung bräuchten. Es ist die Bank, die im Rahmen einer Aktion des Monats den Verkauf profitabler Produkte voranbringen will.

Für sensible Gemüter unter den Kundenbetreuern sind das schwierige Gratwanderungen. Sie befinden sich zwischen den Mühlsteinen. Einerseits fühlen sie sich dem Kunden verpflichtet, legen für sich selbst hohe ethische Standards an. Andererseits sind sie zur Loyalität gegenüber ihrer Bank und der Erfüllung der

Leistungsvorgaben verpflichtet. Letztlich geht es natürlich auch um die eigene Einkommenssituation, die immer mehr an die Erreichung von bestimmten Verkaufszielen gekoppelt ist. Dieses Spannungsfeld zu verstehen und richtig einzuordnen ist wichtig für Sie bei Ihren Verhandlungen mit dem Kundenbetreuer.

Viele Firmen und Privatkunden haben eine Erwartungshaltung an Banken, die auf einer traditionellen Vorstellung beruht. Sie gehen davon aus, Banken müssten besonders edelmütig sein. So etwas Profanes wie provisionsbasierten Produktverkauf schreibt man ihnen nicht zu. Ihr Weltbild ist bestimmt vom konservativen Bankbeamten alter Schule geprägt. Das ist ein Relikt, ursprünglich bei Banken mit öffentlich-rechtlichem Hintergrund angesiedelt. Diese Zeit ist aber unwiderruflich vorbei. Banken sind heute verkaufs- und gewinnorientiert wie das bei jedem anderen Unternehmen auch der Fall ist. Obwohl der Staat infolge von Rettungsmaßnahmen bei vielen Instituten ungewollt wieder auf dem Vormarsch ist, das Rad wird nicht zurückgedreht.

Bankverhandlungen – wie ist Ihre Ausgangslage?

Der Leserkreis dieses Buchs ist sicher sehr heterogen, insofern ist es nicht einfach, Gesetzmäßigkeiten für alle Verhandlungssituationen zu entwickeln, die bei der Gesprächsführung mit der Bank voranbringen.

Ich will es versuchen, indem ich zwei extreme Ausgangsbedingungen beschreibe. Eine exzellente und eine schwache Ausgangslage für Kreditverhandlungen.

Ausgangssituation I

Kundensegment	Das Unternehmen hat einen Umsatz von mehr als 50 Mio. Euro, wenigstens aber von 10 Mio Euro und ist im Firmenkundensegment der Bank angesiedelt.
Bonität	Das Unternehmen hat eine gute Bonität (Rating) und gehört nicht einer aktuell allgemein als schwierig angesehenen Branche an
Produktnutzung	Das Unternehmen hat interessante Bankgeschäfte zu vergeben (Auslandsgeschäft, Derivate, Zahlungsverkehr etc.).
Bankverbindung(en)	Die (Haus-) Bankbeziehung ist langjährig und vertrauensvoll. Es gibt aktuell keine Störfelder. Für weitere Bankverbindungen gilt das Gleiche.
Kundenbetreuer	Das Unternehmen und der Kundenbetreuer kennen sich seit Jahren. Es besteht ein Vertrauensverhältnis. Der Betreuer ist sehr kompetent und sitzt offensichtlich fest im Sattel.
Analyst / Marktfoge	Der Kreditanalyst kennt die Branche und das Unternehmen seit Jahren. Er hat Krisenerfahrung und ist stabil in seiner Funktion. Idealerweise hat er das Management und/oder das Unternehmen auch persönlich kennengelernt bzw. besichtigt.
Veränderungen in der Bankbranche	Die Bank ist in der Region des Unternehmens, zumindest aber in dessen Bundesland, prominent vertreten und zählt das Geschäft mit der Kundengruppe des Unternehmens zu ihren Kernaktivitäten. Auswirkungen aufgrund von EU-Auflagen stehen nicht zu befürchten.

Sie erkennen sich in dieser Fallkonstruktion wieder? Dann sind Sie zu beglückwünschen. Sie haben eine sehr gute Ausgangslage. Bleiben Sie dennoch auf der Hut. Das hat uns die Finanz- und Wirtschaftskrise gelehrt. Manchmal „Kotzen die Pferde“. Von daher zahlt es sich aus, Vorsorge zu treffen und immer auf Veränderungen vorbereitet zu sein.

Ausgangsposition II

Kunden-segment	Der Umsatz ist eher deutlich unter 10 Mio Euro. Es handelt sich um einen Freiberufler, Handwerker oder eine kleine GmbH. Eventuell ist das Unternehmen sogar noch in der Existenzgründungsphase.
Bonität	Die Bonität ist so wie sie in diesem Segment häufiger zu sehen ist, nämlich nicht so gut. Die großen Reserven sind (noch) nicht vorhanden. Die Chefin / der Chef muss vieles selbst machen; häufig improvisieren. Die Kunden zahlen nicht oder verspätet. Der Unternehmer muss jeden Tag um sein Geschäft kämpfen und bewegt sich oft an der Grenze der Kreditlinien. Manchmal gerät er mit Überziehungen auch über das Kreditlimit hinaus.
Produkt-nutzung	Die Geschäfte sind eher von geringfügigem Umfang und nicht sehr lukrativ für die Bank.
Bank-verbindung	Die Bankbeziehung besteht erst relativ kurz. Das gilt auch für eventuell weitere Bankbeziehungen.
Kunden-betreuer	Ein Vertrauensverhältnis im engeren Sinne besteht nicht, da es keine nähere Beziehung gibt. Der Betreuer, soweit persönlich bekannt, macht einen ziemlich jungen und wenig erfahrenen Eindruck. Womöglich haben sich die Ansprechpartner häufig geändert.
Analyst/ Marktfolge	Es ist unklar, wer über den Kredit entscheidet. Aufgrund der Korrespondenz besteht die Vermutung, über den Kredit wird von einem System entschieden. Auch die Konditionen wirken standardisiert.
Verände-rungen in der Bank-branche	Die Bank ist weder in der Region des Unternehmens noch in dessen Bundesland stark positioniert. Die Kundengruppe, in der sich das Unternehmen befindet, ist eher ein Randsegment bei der Bank. Massive Veränderungen durch EU-bedingte Auflagen stehen zu befürchten. Beispielsweise eine Aufgabe des Geschäftsfeldes in dem sich das Unternehmen befindet. Ein Rückzug aus der Region oder ein Verkauf der Bank sind denkbar, dem womöglich ein Strategiewechsel folgt.

Wenn Sie sich in dieser Fallkonstruktion überwiegend wiedererkennen, dann werden Sie auf Banken nicht gut zu sprechen sein (aber wer ist das schon?). Mit den Empfehlungen in diesem Buch werde ich Ihre Probleme nicht zu 100 Prozent lösen, allenfalls die

Schmerzen lindern können. Vielleicht kann ich Ihnen helfen, die vor Ihnen liegenden Hindernisse mit etwas Geschick zu umgehen. Zumindest aber sollten Sie Klarheit darüber erlangen, was auf Sie zukommt.

Fazit für Sie

Sie kennen nun die beiden Extrempositionen für die Ausgangslage bei Bankverhandlungen. Dazwischen gibt es viele Facetten, die das Pendel zu Ihren Gunsten oder Ungunsten ausschlagen lassen kann. Die maßgeblichen Kriterien lassen sich nur teilweise von Ihnen beeinflussen, teils stehen sie unverrückbar fest.

Ist Ihr Unternehmen eher klein und von mäßiger Bonität, werden Sie Ihre Ausgangsposition bei Verhandlungen eher als passiv empfinden. Dieses Selbstbild trifft zu. Das Sagen hat dann eher die Bank. Umso wichtiger ist es, Stolperfallen zu vermeiden, welche Ihre Verhandlungsposition noch zusätzlich schwächen könnte.

Falls Ihr Unternehmen größeren Umfang hat und von guter Bonität ist, können Sie bei Ihren Verhandlungen eine aktivere Rolle spielen. Dennoch vorsichtig bleiben, insbesondere aufgrund der bevorstehenden Veränderungen in der Bankbranche, die momentan schwer prognostizierbar sind. Auch von einer geänderten Risikopolitik einer Bank können selbst für gut geratete Unternehmen Gefahren ausgehen. Von daher immer noch einen Plan B in der Schublade behalten!

Gleichbehandlung von Banken – wo liegen die Gefahrenstellen?

Wenn Sie mit mehreren Banken Kreditbeziehungen unterhalten, ist dieses Kapitel wichtig für Sie. Bei der Gleichbehandlungsthematik werden unwissentlich die meisten Fehler gemacht. Die Auswirkung kann weit in die Zukunft reichen. Gerät ein Unternehmen in eine ernste Krise, können diese Fehler sogar eine zerstörerische Wucht entwickeln.

Die Gleichbehandlung ist ein Grundsatz, der in allen Kreditverträgen der Banken obligatorisch ist. Ein Begriff, der sehr unverdächtig daherkommt. Dahinter verbergen sich jedoch komplexe Anforderungen. Diese Anforderungen sind selbst für einen Insider nicht auf Anhieb zu erkennen. Lesen Sie deshalb bitte ergänzend das Kapitel „Kreditklauseln (Covenants)".

Um die hinter dem Gleichbehandlungsgrundsatz stehenden Überlegungen zu verdeutlichen, habe ich ein drei einfache Beispiele konstruiert. Damit möchte ich illustrieren, wo die verminten Gebiete liegen.

Fall A

Ihre wirtschaftliche Lage ist nicht gerade gut, aber noch zufriedenstellend. Sie brauchen einen höheren Saisonkredit und stützen sich auf mehrere Geldgeber. Wegen des etwas höheren Risikos müssen Sie mehr Zinsen zahlen. Zudem wollen Ihre Banken A, B und C wissen, was Sie mit dem Geld aus dem Kredit machen und wie Ihre Geschäfte laufen. Deshalb vereinbaren Sie mit den Banken, diese regelmäßig zu informieren.

Es stellt sich heraus, Bank A ist generell etwas nervös. Sie hat in Ihrer Branche in der Vergangenheit bei anderen Kunden viel Geld verloren. Ständig steht sie bei Ihnen auf der Matte und will alles haarklein wissen. Bank A bekommt heraus, dass Sie bei einem Projekt einen hohen Verlust erleiden werden. Um Bank A zu beruhigen, erzählen Sie von einem tollen Geschäft, mit dem Sie den Verlust mehr als ausgleichen werden. Um nicht noch mehr Zeit zu verschwenden, sagen Sie von all dem den Banken B und C nichts. B und C haben deshalb keinen Schimmer, wie bedrohlich es bei Ihnen kurzfristig war. Von Ihrem Lieferanten, zufällig Kunde von Bank B und C erfahren die ahnungslosen Banker, wie kritisch es bei Ihnen gewesen ist. Nicht nur das, es zeigt sich, dass Bank A zeitnah über alles informiert war und sich im Notfall aus dem Informationsvorsprung einen Konkurrenzvorteil zulasten der Banken B und C verschafft hätte. Die Kreditinstitute B und C sind angesäuert. Sie kommen aufgrund abgeschwächten Ratings bei beiden Instituten in eine schlechtere Risikoklasse wodurch sich Ihre Zinsen erhöhen. Die Kreditanalysten von Bank B und C trauen Ihnen nicht mehr. Sie tragen sich mit dem Gedanken bei einer Saisonfinanzierung im nächsten Jahr nicht mehr mitzumachen. Den Kundenbetreuern werfen die Analysten von B und

C vor, sie hätten sich von Ihnen an der Nase herumführen lassen. Was ist passiert?

→ Sie haben gegen den Gleichbehandlungsgrundsatz verstoßen, bezogen auf Informationen.

Fall B

Sie sind in einer schwierigen Branche, die von hartem Wettbewerb geprägt ist. Sie brauchen eine Finanzierung für den Wareneinkauf. Die Geldgeber A, B und C wollen Ihnen Kredit geben, fürchten aber, Ihre Firma könnte in Schwierigkeiten geraten. Deshalb wollen sie Ihnen nur Kredit geben, wenn Sie ihnen anteilig entsprechend der Kredithöhe die Warenbestände sicherungsweise übereignen. Da Sie von dem Erfolg überzeugt sind und erste Vorverträge mit Käufern vereinbart haben, ist die Sicherungsübereignung für Sie kein Problem. Nach zwei Monaten treten Gerüchte im Markt auf, Sie hätten keine glückliche Hand beim Einkauf gehabt, die Konkurrenz hätte da ein besseres Gespür gezeigt. Die Banken A, B und C laden Sie zum Gespräch ein. Sie können die Kreditgeber anhand Ihrer Vorverträge mit Käufern aber beruhigen und zum Stillhalten bewegen.

Im weiteren Verlauf zeigt sich, dass Bank A einen Firmenkundenchef hat, dessen Stuhl wackelt. Der Chef versucht mit einem radikalen Kurswechsel in der Risikopolitik seinen Kopf aus der Schlinge zu ziehen. Mit brachialem Vorgehen reduziert er die Risiken der Bank bei gefährdeten Kreditengagements. Deshalb beauftragt er den Kundenbetreuer, unverzüglich zusätzliche Sicherheiten mit Ihnen zu vereinbaren. Der Kundenbetreuer, intern als Warmduscher gehänselt, hat Angst vor seinem wild um sich schlagenden Chef und setzt Sie unter Druck. Er bedrängt Sie, auf dem wunderbaren Wohnhaus, das Ihrer Ehefrau gehört, als Sicherheit eine Grundschuld eintragen zu lassen. Das sickert durch. Bank B und C schmieden deshalb einen Plan, Ihnen außerordentlich zu kündigen. Künftig will man mit Ihnen, wenn überhaupt, nur noch gegen werthaltige Grundschuldabsicherung zusammenarbeiten. Was ist schiefgelaufen?

→ Sie haben gegen den Gleichbehandlungsgrundsatz verstoßen, bezogen auf Sicherheiten.

Fall C

Sie planen die größte Investition der Firmengeschichte. Eine neue Spezialmaschine mit drei Produktionsstraßen soll angeschafft werden. Wenn die neue Technologie funktioniert, sind Sie dem Wettbewerb um Längen voraus. Es gibt aber noch keine Erfahrungen mit dieser Innovation.

Die Banken A, B und C verstehen die Idee, wittern hohe Zinsen und Gebühren und machen mit. Sie übereignen sicherungsweise jeder Bank eine Produktionsstraße.

Durch technische Probleme beim Hersteller der Maschine verzögert sich das gesamte Projekt. Zunächst können Sie auch die Zinsen aus der hohen Investitionsfinanzierung nicht bezahlen. Die Banken werden nervös. Sie aber, Vollblutunternehmer, schaffen es, Ihre Kreditgeber zu beruhigen.

Währenddessen geht es bei der Bank A rund. Es gibt Gerüchte, die Bank werde zerschlagen, der Staatsanwalt war zudem wegen Geschäften in der Vergangenheit beim Vorstand zu Besuch. Die hausinterne Revision nimmt gerade schlechte Kreditrisiken, aufgrund derer die Filiale aufgefallen ist, ins Visier. Ihr Kreditengagement ist wegen rückständiger Zinsen der Revision schon bei der ersten oberflächlichen Prüfung aufgefallen. Ihr Kundenbetreuer hatte Ihre Finanzierung vehement vertreten und intern durchgesetzt, weil das Geschäft lukrativ für ihn war. Jetzt wird er unter Druck gesetzt, kurzfristig eine Lösung mit Ihnen zu finden. Das Risiko für die Bank A müsse reduziert werden.

Bei den Verhandlungen mit Ihnen steht der Kundenbetreuer genauso unter Strom wie Sie selbst. Er bedrängt Sie massiv, droht, den Kredit zu kündigen. Er würde aber stillhalten, wenn Sie ihm eine persönliche Bürgschaft unterschrieben. Damit würde Ihr umfangreicher privater Immobilienbesitz indirekt für Bank A haften. Ihr einziges Sinnen und Trachten ist, Bank A ruhig zu stellen, da Sie überzeugt sind, in zwei Monaten läuft die Maschine und danach werden Sie kaum noch finanzielle Unterstützung brauchen. Jetzt im Zieleinlauf wollen Sie sich voll auf die Investition konzentrieren und haben keine Zeit, aufwendig ein neues Verhandlungspaket mit den Banken zu schnüren. Sie unterschreiben spontan die Bürgschaft und sagen den Banken B und C nichts davon.

Die Kundenbetreuer der Wettbewerberbanken erfahren von Ihrer Bürgschaft und entwerfen sofort einen Krisenplan. Sie wollen das Kreditverhältnis kündigen und überlegen, wie sie gegen Ihre Firma vorgehen können. Was ist schief gelaufen?

→ Sie haben gegen den Gleichbehandlungsgrundsatz verstoßen, bezogen auf die Haftungsbasis.

Die Gleichbehandlung ist ein elementarer Grundsatz, den Sie bei sämtlichen Kreditverträgen mit Banken mehr oder weniger verständlich formuliert vorfinden. Er ist der Anspruch des Gläubigers an Sie, den Geschäftspartner, die Bank niemals schlechter als andere Banken zu stellen. Das gilt für die Gebiete

- Information
- Sicherheiten
- Haftung

Die Banken bringen Ihnen mit einem Kredit Vertrauen entgegen. Im Gegenzug erwarten sie einhundert-prozentige Zuverlässigkeit von Ihnen. Das heißt, die Banken wollen im Verhältnis untereinander fair behandelt werden. Eine konkurrierende Bank sollte über Ihren Geschäftsgang nicht besser informiert sein. Ein Konkurrenzinstitut sollte nicht in einer bevorzugten Sicherheitenposition sein. Der Wettbewerber sollte auch keine günstigere Haftungsbasis erhalten.
Verhält sich ein Kunde anders, verändert sich die Risikoposition der Bank. Im Krisenfall schlechter gestellt zu sein als der Wettbewerber, löst beim Banker Magenkrämpfe aus. Womöglich verliert er Geld für seine Bank weil er nicht gut genug über den Geschäftsgang Bescheid wusste, weil er nicht hart genug wegen Sicherheiten verhandelt oder das umfangreiche Privatvermögen nicht in die Haftung einbezogen hatte.

Die Verletzung der Gleichbehandlung ist relativ unproblematisch in guten Zeiten. Gefährlicher wird es in allgemein schwierigen wirtschaftlichen Zeiten. Ist dann das betroffene Unternehmen selbst auch in einer schwierigen finanziellen Situation, wird es schnell brandgefährlich. Viele Firmen verstoßen unwissentlich gegen den Gleichbehandlungsgrundsatz. Das ist den Banken bekannt. Die

Ungleichbehandlung ist zwar nicht in Ordnung, aber historisch einfach so gewachsen. Da haben alle Beteiligten auf Banken- wie Unternehmerseite gelegentlich etwas geschludert.

Durch die Umbrüche in der Bankbranche haben wir jetzt eine neue Situation. Durch Fusionen, neue Geschäftsmodelle oder neue Kundensegmentierungen ist alles in Bewegung. Das wirkt sich vor allem auf Ihre Ansprechpartner aus. Die Risikobewertung Ihres Unternehmens überprüft ein neuer Analyst oder gar ein neues System mit automatischer Bewertung. Ihnen gegenüber sitzt ein neuer Betreuer, womöglich aus einem anderen Ressort der Bank mit einer ganz anderen Philosophie. Was gilt in solchen Situationen? Die Kreditverträge mit den Kunden führt man sich erst einmal buchstabengetreu zu Gemüte.

Fazit für Sie

Achten Sie auf eine faire Gleichbehandlung Ihrer Kreditgeber. Prinzipiell dürfen Sie kein einzelnes Institut begünstigen.
Geben Sie Informationen über Ihr Unternehmen zeitgleich an alle Banken. Beziehen Sie die Unterlagen immer auf den gleichen Stichtag.

Halten Sie sich an Ihr Versprechen, anderen Banken keine Sicherheiten zu geben, wenn Sie das vorher zugesagt haben.
Wenn Sie neue Sicherheiten stellen müssen, vor der Unterschrift bestehende Vereinbarungen prüfen und mit den anderen Kreditgebern gegebenenfalls über die veränderte Besicherungslage verhandeln.

Langfristige Kredite werden grundsätzlich besser besichert, als kurzfristige Kredite. Innerhalb der beiden Fristenkategorien unterliegen Kredite wieder der Gleichbehandlung.

Gewähren Sie Ihren Banken die gleichen Haftungsgrundlagen für Ihre Kredite. Das gilt insbesondere bei Bürgschaften, Haftung von privaten Vermögenswerten, Besitzgesellschaften etc.

Bevor Sie neue Besicherungsvereinbarungen unterschreiben, lassen Sie sich bei Zweifeln vorher fachkundig beraten. Versuchen

Sie, bestehende Ungleichbehandlungen schnellstmöglich zu beseitigen.

Vorsicht, wenn Sie von einem Banker zu einem wissentlichen Gleichbehandlungsverstoß gedrängt werden. Sie stopfen damit zwar ein Loch, reißen dadurch aber ein viel größeres an anderer Stelle auf.

Kreditsicherheiten – welche Sicherheiten für welche Bank?

Der beste Kredit ist der Blankokredit (ein Kredit ohne Sicherheiten). Diese Aussage war unter Bankern im Kreditgeschäft lange Zeit ein gängiger Spruch. Er entbehrt auch nicht einer gewissen Logik. Ein Unternehmen, das Kredit ohne Sicherheit bekommt, muss zweifellos von guter Bonität sein. Gemeint war der Spruch aber anders. Bei einem Blankokredit weiß die Bank immer, welches Risiko sie hat, wo sie steht. Zudem hat der Kreditsachbearbeiter, heute Analyst, Entscheider oder ganz trendy – *Credit Officer* – genannt, keine Arbeit mit den teils umständlichen Sicherheitendokumenten. Diese Sicherheiten müssen intern in Computersysteme hinein geklopft, nach internen Richtlinien bewertet, in jedem internen Kreditantrag aufgeführt und schließlich im Vertrag mit dem Kunden dokumentiert werden. Änderungen kommen permanent vor, weil sich zum Beispiel der Standort der übereigneten Ware verändert, eine sicherungsübereignete Maschine verkauft wird etc. Vor Ort müssen seitens der Banker Überprüfungen der Werte durchgeführt werden. Viel bürokratische Arbeit mit vielen Möglichkeiten, Übertragungs- oder Dokumentationsfehler zu machen.

Erfahrungsgemäß haben sich die Banken regelmäßig über den Wert ihrer Sicherheiten Illusionen gemacht. Wenn es zu Insolvenzen kam, waren die Sicherheiten meist nicht annähernd das wert, was man vorher dachte. Kunde wie Bank wogen sich häufig im wahrsten Sinne des Wortes in Sicherheit – und zwar in trügerischer.

Durch Basel II hat das Sicherheitenthema wieder gewaltig an Attraktivität gewonnen. Banken werden für besicherte Teile des

Kredites entlastet. Das geschieht in der Weise, dass sie dafür weniger Eigenkapital bereit halten müssen. Kommt es zur Zahlungsunfähigkeit des Kreditnehmers, würde man auf die Sicherheiten zugreifen, den Kredit damit zurückführen. Schaden würde von der Bank abgewendet und das Kapital geschont. So weit der Idealfall.

Wie sieht die Besicherung von Krediten bei Unternehmen aus? Meistens geht es kreuz und quer durch den Gemüsegarten von Grundschulden, Forderungsabtretungen (Zessionen) und Sicherungsübereignungen, Verpfändungen, Bürgschaften etc. In der Regel gibt es kein klares strategisches Konzept, woran die Banken selbst in ihrer Funktion als Kreditgeber nicht ganz unschuldig sind.

Woran liegt das? Die Bank, die am längsten Geschäftsbeziehung zum Unternehmen unterhält, hat nach und nach Sicherheiten dazubekommen. Eine neu hinzugekommene Bank musste ihre Leistungsfähigkeit, also ihren Mut beweisen und Kredite in blanko gewähren. Hat das Unternehmen eine schwierige Zeit erlebt, wurde es womöglich ultimativ aufgefordert, Sicherheiten zu geben, um die Kündigung von Krediten zu vermeiden. All diese zweifellos begründeten und historisch gewachsenen Besicherungen, welche die Gläubiger ungleich behandeln, führen zu mehr oder weniger ernsten Problemen. Dazu sollten Sie sich das Kapitel „Gleichbehandlung von Banken“ zu Gemüte führen.

Welche grundsätzlichen Überlegungen sollten Sie als Unternehmer zum Thema Sicherheitenvergabe anstellen? Für die Kredite haftet das Unternehmen aufgrund Vertrags ohnehin. Also könnte man dafür auch Sicherheiten stellen. Die Sicherheiten haben Wirkungen auf die Bank wie auf den Kunden. Die Bank verbessert ihre Risikoposition und muss im Sinne von Basel II weniger Eigenkapital für den Kredit bereitstellen. Insofern fällt auch bei schwächeren Unternehmensbonitäten, wenn gute Sicherheiten gestellt werden können, die Kreditentscheidung tendenziell positiver aus. Ein klarer Vorteil für das Unternehmen. Aufgrund der Eigenkapitalentlastung wird das Kreditgeschäft in der Kalkulation der Bank für diese attraktiver. Bei geschicktem Verhandeln kann der Unternehmer in Form von günstigeren Zinsen davon profitieren.

Bei sehr guten Unternehmen werden Kredite meist blanko auf der Basis bestimmter Klauseln (Covenants) gewährt. Ist die Bonität durchschnittlich, geht es meist nach der Regel: Langfristige Kredite müssen besichert werden, kurzfristige Kredite werden in blanko gewährt. Ist die Bonität aber schwach, müssen alle Kredite unabhängig von deren Laufzeit besichert werden.

Was die Unternehmer in schöner Regelmäßigkeit erzürnt, das sind die Wertansätze für die Sicherheiten. Aber leider sprechen die langfristigen Erfahrungswerte für relative niedrige Bewertungsquoten. Wenn ein Unternehmen zusammenbricht, bekommen das die Partner des Unternehmens, die Branche und der Wettbewerb logischerweise sofort mit. Wenn es dann an die Verwertung geht, sind die Preise für die Waren, Maschinen oder Immobilien des Unternehmens schnell im freien Fall.

In der Regel sollten Sie versuchen, Kredite in blanko zu erhalten. Die dafür erforderliche erstklassige Bonität wird man gerade bei kleineren Firmen heute aber suchen müssen. In der nächsten Stufe bietet man allen langfristigen Kreditgebern gleichwertige Sicherheiten an. Ist die Bonität schlecht, sind auch für die kurzfristigen Kredite Sicherheiten zu stellen. Entscheidend ist, auf die Gleichbehandlung der verschiedenen Banken zu achten.

Den positiven Effekt auf die Kreditgenehmigungsaussichten und die Höhe der Zinsen wurden oben beschrieben. Es muss aber auch klar sein, dass mit der Sicherheitenvergabe auch Risiken für den Unternehmer verbunden sind. Sollten Sie Kreditvereinbarungen nicht einhalten, Kreditklauseln verletzen, also Covenants brechen oder sich Ihre wirtschaftliche Situation spürbar verschlechtern, wird Ihnen das Heft des Handelns schnell aus der Hand genommen. Wenn ein Unternehmen in eine existenzbedrohende Situation gerät und Zeitgewinn durch Verhandlungen ein sehr wertvolles Gut wird, ist es strategisch ein großer Nachteil, wenn man mit bloßen Händen dasteht. Insofern ist man gut beraten, noch ein Ass im Ärmel zu haben. Gerät man in eine echte Notlage, braucht man nochmals Liquidität, so genanntes *fresh-money*, dann kann man noch sein Tafelsilber zum Einsatz bringen.

Bei den Verwerfungen, die wir in der Bankbranche sehen, wird es noch auf Jahre hinaus für kleinere Firmen ein schwieriges Unterfangen sein, bei schwächeren Bonitäten eine (neue) Bank für Kredite zu begeistern. Das bedeutet, Sie sollten sich Gedanken machen, aus welchen Bilanzpositionen Sie im Notfall Geld machen können und was Sie gegebenenfalls noch als Karte im Sinne von werthaltigen Sicherheiten ins Spiel bringen können. Beim Familienunternehmer gehört auch das im privaten Bereich befindliche Vermögen dazu. Hier empfiehlt sich allerdings große Vorsicht. Die persönliche Existenz und die der Familie sollten unbedingt abgeschirmt werden. Zusammenfassend möchte ich Ihnen raten, eine Sicherheiten- Krisenplanung für den GAU in der Schublade zu haben.

Taktische oder gar strategische Mängel bei der Sicherheitenvergabe haben langanhaltende Wirkung. Was heißt das? Sicherheiten sollten nur wohlüberlegt und vor dem Hintergrund ganzheitlicher, längerfristiger Planungen aus der Hand gegeben werden. Nicht die Bank, die am lautesten schreit, mit Sicherheiten ruhigstellen! Nicht nur deshalb, weil Sie mit vorschneller Vertragsunterzeichnung womöglich den Gleichbehandlungsgrundsatz verletzen. Sie müssen auch damit rechnen, die Sicherheit so schnell nicht mehr zurückzubekommen. Manchmal haben Sie nicht einmal dann einen Rechtsanspruch auf Freigabe der Sicherheiten, wenn Sie den Kredit längst zurückbezahlt haben. Über eine so genannte Zweckerklärung wird häufig ein Zugeständnis verankert, wonach die Bank die Sicherheit bei Rückzahlung eines speziellen Kredites für Ihr übriges Kreditengagement heranziehen darf.

Zweckerklärungen sind Formularvordrucke der Banken oder auch Passagen in Kreditverträgen. Meist zeichnen sie sich durch eine kleine Schriftgröße und juristisch geprägte Formulierungen aus. Zweckerklärungen schaffen eine Brücke zwischen der eigentlichen Sicherheit, beispielsweise einer Grundschuld, und dem Anspruch der Bank, der gesichert werden soll. Hört sich zwar kompliziert aber unverfänglich an.

Sehen wir uns einen Text für eine Grundschuldsicherheit an:

> *Die Grundschuld(en) nebst Zinsen und sonstiger Nebenleistungen sowie eine im Zusammenhang mit der Grundschuld etwa übernommenes abstraktes Schuldversprechen (Übernahme der persönlichen Haftung) dient/dienen zur Sicherung aller bestehenden und künftigen, auch bedingten oder befristeten Forderungen der Bank gegen Firma XY, nachstehend der Kreditnehmer genannt aus der bankenmäßigen Geschäftsverbindung (insbesondere aus laufender Rechnung, Krediten und Darlehen jeder Art einschließlich etwaiger gesetzlicher Ansprüche und Wechseln). Sie sichert/sichern auch Ansprüche gegen den Kreditnehmer ...*

Dieser Textteil macht etwa ein Prozent des gesamten Textes der Zweckerklärung aus, hat aber eine gewaltige Durchschlagskraft. Mit

Unterschrift dieser Passage gestehen Sie der Bank zu, die Sicherheit für alle Ansprüche an Sie heranziehen zu dürfen. Nehmen wir an, Sie haben mit dem Kredit einen neuen Maschinenpark finanziert und es ist Ihnen daneben ein Kontokorrentkredit von der Bank eingeräumt worden. Dann bedeutet dies, dass Sie auch bei voller Rückzahlung Ihrer Maschinenparkfinanzierung die Grundschuld dennoch nicht zurückbekommen. Sie wird nämlich auch als Sicherheit für Ihren Kontokorrentkredit herangezogen, was Sie womöglich vorher gar nicht wussten. Nicht so schlimm, wenn Sie bei anderen Banken keine Kredite haben. Wenn aber doch, haben Sie beispielsweise bei einer anderen Bank B, die Ihnen auch einen Kontokorrentkredit gewährt hat, sicher gegen deren Gleichbehandlungsklausel verstoßen. Sie haben absprachewidrig Bank A eine Sicherheit für deren kurzfristigen Kontokorrentkredit gewährt. Nach der Gleichbehandlungsklausel müssten Sie den Kredit allerdings genauso wie bei Bank B in blanko führen oder alternativ Bank B ebenfalls Sicherheiten anbieten.

Unwissentlich kommen viele Unternehmen über die Zweckerklärung mit dem Covenant der Gleichbehandlungserklärung in Konflikt. In einer Unternehmenskrise kann das fatal sein, weil dann Streit zwischen den Banken ausbricht, auf deren Unterstützung man doch angewiesen ist.

Deshalb der Hinweis für Sie: Es gibt so genannte enge und weite Zweckerklärungen. Im obigen Beispiel handelt es sich um eine weite Zweckerklärung. Mit der kann eine Bank die Sicherheit für alle nur denkbaren Forderungen gegen Sie heranziehen. Diese können Sie „risikolos“ nur dann unterschreiben, wenn Sie keine weiteren Kredite bei anderen Banken haben. Ansonsten ist die Gefahr einer Verletzung des Gleichbehandlungsgrundsatzes sehr groß.

Es empfiehlt sich grundsätzlich, enge Zweckerklärungen zu unterschreiben. Damit verknüpfen Sie eine bestimmte Sicherheit ausschließlich mit einem speziellen Kredit. Nach Kreditrückzahlung ist die Sicherheit wieder frei.

Kommen wir zurück zur obigen Vertragspassage. Unterstellt, Sie haben für die Unternehmensfinanzierung eine Grundschuld auf Ihrem Privatwohnhaus gestellt. Dann haben Sie obige Zweckerklärung unterschrieben. Sehr wahrscheinlich haften Sie dann zusätzlich mit Ihrem gesamten Vermögen persönlich. Die Bank verankert nämlich regelmäßig eine persönliche Haftung im Rahmen der Grundschuldbestellung. Der Notar stellt in Höhe des Grundschuldbetrages eine so genannte vollstreckbare Ausfertigung aus. Die Bank hat damit einen vollstreckbaren Titel, mit dem sie ohne vorherige Verwertung Ihres Privatwohnhauses (Zwangsvollstreckung) ihre Forderung gegen Sie auch persönlich durchsetzen kann. Wäre Ihnen das bewusst gewesen?

Empfehlungen eines Insiders

Wenn es Ihre Verhandlungsposition erlaubt, sollten Sie bei Sicherheiten immer folgenden Dreierschritt versuchen: Befristen-Begrenzen-Beschränken

Dies bedeutet:
1. Sie befristen Ihre Sicherheiten, zum Beispiel Ihre persönliche Bürgschaft, auf ein Jahr.

2. Sie begrenzen Ihre Sicherheiten, zum Beispiel die Verpfändung eines Depots, auf einen Wert von XY Euro.

3. Sie beschränken Ihre Sicherheiten, zum Beispiel die Übereignung einer Maschine, auf die dazugehörige Finanzierung (enge Zweckerklärung).

Ein derartiges Vorgehen stellt die Bank nicht schlechter. Sie erhalten die gleichen Sicherheitenwerte angerechnet. Es gibt keine Nachteile für Ihr Rating. Auf Ihre Kreditgenehmigungsaussichten hat es ebenso wenig Wirkung wie auf den Preis. Die Bank hat außer etwas größerem administrativen Aufwand keine Nachteile.

Die Vorteile liegen vor allem bei Ihnen. Sie bleiben in angemessenem Umfang Herr des Verfahrens. Nach Fristablauf erhalten Sie Ihre Sicherheiten zurück oder Sie können darüber neu verhandeln. Ist die Sicherheit betraglich begrenzt, können Sie immer sicher kalkulieren, welche Wirkungen für Sie im schlimmsten Fall eintreten. Haben Sie die Sicherheiten auf einen speziellen Kredit beschränkt, werden sie nach Rückzahlung dieses Kredites ohne weitere Bedingungen frei und Sie können Ihre Sicherheiten anderweitig verwenden.

Persönliche Bürgschaft – gibt es Verhandlungsspielräume?

Läuft die Rechtsform des Unternehmens auf eine Haftungsbeschränkung hinaus – wie bei der AG, der GmbH oder GmbH & Co. KG – dann verlangen die Banken bei kleineren oder bonitätsschwächeren Firmen die persönliche Bürgschaft des (maßgeblichen) Gesellschafters. Bei Existenzgründern und jungen Unternehmen, bei denen sich die GmbH als dominante Rechtsform findet, ist die persönliche Bürgschaft als Sicherheit geradezu obligatorisch.

Was bedeutet eine persönliche Bürgschaft als Sicherheit? Sie kann alles sein. Ein wertloses Papier, ein pädagogisches Druckmittel der Bank oder der entscheidende Hebel, um der Unternehmensfinanzierung zum Durchbruch zu verhelfen. Aber auch die totale Vernichtung einer Existenz oder eines großen Familienvermögens. Frau Schickedanz, die Quelle-Erbin, die persönlich gebürgt hat, gibt hier ein prominentes Beispiel ab.

Ich habe von meinen Kunden – auch den guten – häufig eine betraglich limitierte persönliche Bürgschaft verlangt. Meine Argumentation war immer: „Warum soll ich einer „anonymen“ Gesellschaft einen Kredit geben, ich vertraue doch auf SIE als Unternehmer, Ihre Kompetenz, Ihre Marktkenntnis und Ihren Erfolg. Die GmbH als solches nutzt mir im Notfall nichts.“

Es ist deshalb auch nicht die Zielsetzung an das persönliche Vermögen des Bürgen heranzukommen, vielmehr möchte die Bank bei Schwierigkeiten der Firma das volle Engagement des bürgenden Unternehmers sicherstellen. Die Bank kennt den Markt nicht besser als der Unternehmer. Sie kann das sicherheitenübereignete Lager nicht besser verkaufen als er selbst. Das Gleiche gilt für die Maschinen und die einzutreibenden Forderungen. Der Unternehmer hat die Verbindungen und er wird, solange er persönlich bürgt, alles daran setzen, den Kredit zurückzubezahlen. Anderenfalls stünde sein privates Vermögen im Feuer. Es kommt zu einer Identität der Interessenslagen von Bürge und Bank.

Einen weiteren Grund für die Bürgschaft gibt es, wenn die Bonität des Unternehmens nicht ausreicht, um eine Kreditvergabe zu rechtfertigen. Bei kleineren und jungen Unternehmen hat eine Bank mit einem Kredit an eine GmbH ohne persönliche Bürgschaft nicht viel am Hut. Man möchte dann den maßgeblichen geschäftsführenden Gesellschafter unmittelbar am Wickel haben. Zugriff auf das Vermögen, sei es das geerbte Häuschen oder die Lebensversicherung, muss gesichert sein. Bei den kleinen und jungen GmbHs hat es sich leider in langjähriger Erfahrung gezeigt, dass sich in diesem Segment auch sehr viele Trittbrettfahrer und dubiose Figuren tummeln, die mit dem klassischen deutschen Mittelstand nichts zu tun haben. Wegen dieser schwarzen Schafe wird diesem Kundensegment häufig mit einer gewissen Grundskepsis begegnet. Wenn in der Vermögensaufstellung, die ergänzend zur Bürgschaft einzureichen ist, außer einem Ratenkredit für ein Auto nichts aufgeführt ist, befindet sich der Kreditantrag schon dabei, durchs Raster zu fallen.

Der gesunde Mittelweg liegt wie so oft dazwischen. Es gilt, einen fairen Interessensausgleich zwischen Bank und Unternehmen zu finden. Der Königsweg kann eine so genannte limitierte Bürgschaft sein. Das bedeutet, der Maximalbetrag der persönlichen Haftung wird vorher festgelegt. Beide Seiten wissen dann, woran sie sind. Vorteil für den Bürgen: Er kann sein Risiko für den *worst-case* betraglich begrenzen. Es steht nicht die gesamte Existenz auf dem Spiel.

Bei einer unlimitierten Bürgschaft haftet der Bürge bis zum letzten Hosenknopf. Wenn die Firma in Schwierigkeiten gerät, steht auch die persönliche Existenz wirtschaftlich vor dem Aus. Aber auch hier kann man vorher die Haftung bestimmter Teile (Altersvorsorge, Wohnhaus, Ausbildung der Kinder) ausschließen. Auf jeden Fall sollte ein gutes Beratungsgespräch zwischen Bank und Bürgen – losgelöst von den rechtlichen Vorschriften – die Thematik intensiv behandeln. Ein wohlmeinendes Finanzierungsinstitut wird den berechtigten Interessen eines Bürgen Rechnung tragen.

Empfehlungen eines Insiders

- Bürgschaft möglichst betraglich begrenzen
- Bei unbegrenzten Bürgschaften Existenzsicherung vertraglich abschirmen
- Bürgschaft befristen, damit behalten Sie das Heft des Handels in der Hand

Exkurs: Bürgschaften für Mitgesellschafter, Geschäftspartner und Familienangehörige sowie unternehmerische Projekte, die nicht in Ihrer Hand sind

Es gibt Situationen, in denen Sie als Unternehmer von Geschäftspartnern, Mitgesellschaftern oder auch Familienmitgliedern gebeten werden, für einen Bankkredit eine Bürgschaft zu übernehmen. Die Verwendung der Mittel aus der Bankfinanzierung ist aus Sicht des Bittstellers absolut gewinnversprechend, die Geschäftsidee oder das Investitionsprojekt großartig. Der Gegenwert ist vorhanden. Aber – so wird gesagt – die Bank bestünde aus formalen Gründen auf eine ergänzende Bürgschaft.

Meist sind formale Gründe jedoch zu vernachlässigen. Die Bank hat das der Finanzierung zugrunde liegende Projekt / die Investition geprüft und kommt zu dem Ergebnis, dass es wirtschaftlich nicht tragfähig ist und der Kreditantragsteller nicht in der Lage, es selbst angemessen abzusichern. Die Bankprofis haben das Projekt mit negativem Ergebnis geprüft. Mit welchem Argument sollten Sie dann eine Bürgschaft übernehmen? Häufig führen solche Bürgschaften später nicht nur zu einer Zahlungsverpflichtung für den Bürgen, sondern auch zu einer Zerrüttung des Verhältnisses zwischen dem Bürgen und dem nicht zahlungsfähigen Kreditnehmer.

Die große Gefahr besteht darin, dass, wenn die Bürgschaft einmal unterschreiben ist, sie gerne vergessen wird. Sie als Bürge hören nichts mehr von der Sache und denken, die Bürgschaft würde sich planmäßig erledigen. Sie bekommen die geschäftlichen Probleme der Firma oder Person, für die Sie bürgen, womöglich gar nicht mit. Wenn Sie dann eines Tages von der Bank angeschrieben werden, ist der Schrecken groß.

Wenn bald darauf die Zahlungsverpflichtung aus der Bürgschaft eintrifft, passt es unter Umständen gar nicht in Ihre eigene Finanzlage. Haben Sie für die Bürgschaftsinanspruchnahme eine Liquiditätsvorsorge getroffen? Die Bürgschaftsverpflichtung werden Sie aufgrund des Zeitablaufs gedanklich schon abgehakt haben.

Die üblichen Bürgschaftsvordrucke, die Sie bei Banken unterschreiben, lassen keine Hintertürchen offen. Es werden dazu viele Gerichtsprozesse geführt. Die wenigen siegreichen für die Bürgen gehen zwar durch die Presse, sind meist aber Extremfälle oder es geht um private Kredite.

Sie müssen bedenken, Sie sind unternehmerisch tätig, Sie sind Geschäftsmann/-frau. Kein Richter nimmt Ihnen die üblichen Einwände ab, Ihnen sei nicht bewusst gewesen, was Sie da unterschrieben hätten. Die Bank sei nicht hinreichend ihrer Aufklärungspflicht über die Risiken nachgekommen. Damit kommen Sie vor Gericht leider nicht durch.

Erfahrungsbericht

Vor einigen Jahren stand ich selbst als Zeuge für die Bank vor Gericht. Der Kunde hatte die Bank verklagt, weil sie ihn aus seiner Bürgschaft in Anspruch genommen hatte. Das Verfahren zog sich zwar durch mehrere Instanzen, der klagende Bürge verlor aber in Bausch und Bogen. Das Gericht nahm ihm als erfahrenem Geschäftsmann und geschäftsführenden Gesellschafter der GmbH, für die er bürgte, nicht ab, den Sinn und Zweck einer Bürgschaft nicht verstanden zu haben. Genauso wenig, dass er nicht hinreichend über das Risiko aufgeklärt worden sei.

Fazit für Sie:

Von daher meine dringende Empfehlung: Unterschreiben Sie grundsätzlich keine Bürgschaften für Dritte. Die Bank verlangt sie deshalb, weil sie mit einem Scheitern des zu finanzierenden Projektes rechnet. Dann will sie sich das Geld von Ihnen zurückholen. Diejenigen, die Sie um einen Bürgschaft bitten, argumentieren, die Bürgschaft koste nichts, es sei nur eine formale Unterschrift für die Bank. Den Kredit würde man ohnehin aufgrund der guten Investition zurückzahlen können und notfalls sei der Gegenwert, zum Beispiel durch die finanzierte Maschine, vorhanden. Aufgrund langjähriger Erfahrungen kann ich nur sagen: falsch, falsch, falsch.

Es gibt aus meiner Sicht nur wenige Ansätze, wenn Sie, aus welchen Gründen auch immer, dem Hilfesuchenden aus der Patsche helfen wollen:

- Entscheiden Sie sich, der Person den der Bürgschaft entsprechenden Betrag, gegebenenfalls gegen Darlehensvertrag, zu geben. Dann spüren Sie die unmittelbare Wirkung. Stellt sich das Gefühl ein, dass Sie das Geld nie mehr sehen werden, dann ziehen Sie sofort die Reißleine. Wenn es Ihnen die Sache aber wirklich wert ist, sind mit einer Bargeldtransaktion die Verhältnisse geklärt und auch dem Bittsteller ist seine Verpflichtung klar. Sie haben nicht nur mit einer formalen Unterschrift geholfen, sondern *Cash* in die Hand genommen. Wurde ein Darlehensvertrag unterzeichnet, haben Sie damit einen unmittelbaren Anspruch gegen den Darlehensnehmer.

- Sie kennen sich bei dem Projekt / der Branche wirklich gut aus. Sie sind ein Experte und können die finanzielle Tragweite des Projektes zuverlässig beurteilen. Es bereitet Ihnen keinen Stress, den Bürgschaftsbetrag notfalls abzuschreiben. Sie haben womöglich aufgrund Ihrer Expertise ins Kalkül gezogen, das Projekt notfalls zu übernehmen oder haben Verwendungsmöglichkeit für das Investitionsgut. Dann schlüpfen Sie, wenn auch verkappt, in die Rolle eines Eigenkapitalgebers. Sie fungieren wohl überlegt als *Businessangel* (*Private Equity Investor*). Dann verstehen Sie auch mehr als die Bank und damit ist in diesem Fall die Bürgschaft vertretbar.

- Sie sollen für das Unternehmen Ihres Ehepartners haften. Benötigt man bei einem Unternehmenskredit die Bürgschaft des Ehepartners, dann wird es richtig heikel. Traditionell handelt es sich eher um die Ehefrau, die für das Unternehmen, das ihrem Mann gehört oder an dem sie nur als Gesellschafterin beteiligt ist, bürgen soll.

  Was sollten Sie als Unternehmer über die Gedankengänge des Bankers bei dieser Sachlage wissen? Die Bürgschaft der Ehefrau als Sicherheit zu verlangen, fällt auch dem Banker nicht leicht. Wird sie dennoch begehrt, ist in der Regel davon auszugehen, dass sie unter Bonitätsaspekten wirklich benötigt wird. Dies kann bedeuten, es ist nennenswertes Privatvermögen bei der Ehefrau vorhanden oder sie hat einen entsprechend großen Gesellschaftsanteil an der Firma. Das Verlangen nach der Bürgschaft kann unter Risikoaspekten seitens der Bank ein deutliches Warnsignal sein. Das heißt, die Bank macht sich intensive Gedanken über eine negative Bonitätsentwicklung des Unternehmens.

Gelegentlich verlangt der Banker auch aus einer anderen Motivationslage die Bürgschaft der Ehefrau. Das habe ich selbst schon wiederholt praktiziert. Es geht dann nicht um finanzielle Fragen bzw. um die materielle Haftung, sondern um die bewusste Einbindung der Ehefrau als Korrektiv zum Unternehmer. Ist der Unternehmer auf ungezügelten Expansionskurs, nimmt er Investitionsrisiken auf die leichte Schulter, kann die Ehefrau manchmal disziplinierend wirken. Über die Bürgschaft nimmt man sie mit ins Boot und stellt sicher, dass der Informationsfluss funktioniert. Spätestens bei der Aufklärung über die Risiken der Bürgschaftsübernahme kommt man logischerweise auf die unternehmerische Situation. Dass es da wie oben beschrieben für alle Beteiligten heikel wird, kann man sich gut ausmalen. Dennoch sind meine Erfahrungen im Sinne des Ringens um die richtigen unternehmerischen Entscheidungen sehr gut. Wenn die Ehefrau dieselben Fragen an ihren Mann stellt, wie die Bank, wird intensiv über die Unternehmenssituation diskutiert, was der Sache dient.

Förderdschungel – zinsgünstige Förderkredite bekommen nur die anderen?

Was gibt es nicht alles für Begrifflichkeiten für Kredite, deren Zinsen durch die öffentliche Hand bezuschusst werden. Förderkredite sagen die einen, weil Unternehmen gefördert werden, Programmkredite die anderen, weil es für verschiedene Zielsetzungen die unterschiedlichsten Programme gibt. Es ist auch die Rede von Refinanzierungsdarlehen, weil die Kredite nicht direkt ausgereicht, sondern den Hausbanken in Form von Refinanzierungen zur Verfügung gestellt werden. Es geht weiter mit Investitionshilfen und Förderdarlehen usw. Mit dem Oberbegriff Förderdschungel liegt man sicherlich nicht falsch. Im Folgenden soll der Einfachheit halber nur von Förderkrediten die Rede sein.

Da es hunderte von Förderkrediten vom Staat, den Bundesländern, aber auch der EU gibt, würde deren Beschreibung dicke Wälzer ergeben. Konzerne haben eigene Stäbe, die sich damit befassen, Fördermöglichkeiten zu erkunden und Anträge optimal aufzubereiten. Diese Thematik kann in diesem Buch nicht annähernd erschöpfend abgehandelt werden. Durch die Finanz- und Wirtschaftskrise sind aber speziell für davon betroffene Unternehmen Notprogramme gestrickt worden. Diese sollen von der Krise betroffenen Unternehmen helfen, besser durch das

Tal der Tränen zukommen. Aus diesem Grund finden Sie nachfolgend eine Art Schnellkurs zur Systematik von Förderkrediten.

Ursächlich für öffentliche Förderungen sind volkswirtschaftliche und gesellschaftlich-politische Absichten. Sie verfolgen schwerpunktmäßig nachstehende Zielsetzungen:

- Regionale Förderung zur Industrieansiedlung und Arbeitsplatzbeschaffung
- Entlastung von Firmen bei volkswirtschaftlich gewollten Investitionen durch Gewährung zinsgünstiger Förderkredite
- Hilfe für Unternehmen, die von der Finanz- und Wirtschaftskrise betroffen sind
- Entlastung von Banken aus Risiken bei der Kreditvergabe an angeschlagene Unternehmen, insbesondere, um eine Kreditklemme zu vermeiden

Für die administrative Umsetzung dieser Förderungen gibt es eine ganze Reihe von Spezialbanken auf EU-, Bundes- und Landesebene. Die Institute sind analog zuständig für EU, Bundes- oder Landesförderungen. Unabhängig von Ihrem Unternehmenssitz ist das für Sie wichtigste und interessanteste Förderinstitut die KfW in Frankfurt. Diese, dem Bund gehörende Bank wurde ursprünglich zur Finanzierung des Wiederaufbaus nach dem Krieg eingerichtet. Deshalb firmierte sie früher als Kreditanstalt für Wiederaufbau. Neben der KfW ist die Förderbank des Bundeslandes, in dem Sie Ihren Firmensitz haben bzw. eine Investition tätigen, ein weiterer zu empfehlender Ansprechpartner.

Für Förderkredite gibt es ein besonderes Verfahren. Sie können nicht unmittelbar bei den Förderbanken beantragt werden. Die Anträge sind vielmehr über die Hausbanken zu stellen. Die Hausbanken füllen gemeinsam mit dem Kunden den Antrag im Rahmen eines Formularvordrucks aus und übernehmen gegenüber den Förderbanken die Haftung. Dies bedeutet, falls ein Kunde seine Förderkredite nicht zurückbezahlt, muss die Bank dafür geradestehen. Der Insider spricht hier von der Primärhaftung der Hausbank.

Für die Übernahme dieses Risikos darf die Bank etwas abbekommen von den Zinsen, die der Kunde für den Förderkredit bezahlt. Für die Höhe des Zinssatzes gibt es Regelungen, die aber dem allgemeinen Prinzip folgen, je besser die Unternehmensbonität, desto günstiger der Zinssatz und umgekehrt. Dies wird dann im Amtsdeutsch als risikogerechtes Zinssystem bezeichnet. Bei einer schlechten Bonität wird es also teurer. Ein Förderkredit ist aber im Regelfall immer noch günstiger als ein normaler, nicht subventionierter Bankkredit.

Seit 2009 gibt es eine sehr interessante Spezialität bei der KfW. Diese wurde eingeführt, um die Konsequenzen aus der Finanz- und Wirtschaftskrise für die Unternehmen abzumildern. Begünstigt sind all jene Firmen, die am 1. Juli 2008 gesund waren, danach aber ein Opfer der Krise wurden. In diesen Fällen kann die Hausbank das KfW Sonderprogramm anzapfen. Das Sonderprogramm soll dazu beitragen, Finanzierungsstrukturen angeschlagener Firmen zu stabilisieren. Dadurch sollen Banken, die nicht mehr risikofreudig sein können, entlastet und zur Kreditvergabe motiviert werden. Der Gesundheitszustand wird mittels des normalen Ratings rückwirkend von der Hausbank zum Stichtag 1. Juli 2008 belegt. Die Ratingaussage wird allerdings von der KfW durch eine eigene Risikobewertung überprüft.

Wenn Ihnen Ihre Bank mit einem Förderkredit aus dem KfW Sonderprogramm hilft, profitiert sie selbst auch davon. Der Bund will nicht nur Unternehmen, sondern auch den Banken aus der misslichen Lage heraushelfen. Die Banken können sich deshalb die Risiken der Kreditvergabe über die KfW – die zu 100 Prozent dem Bund gehört – mit dem Staat aufteilen. Die Investitionsfinanzierungen schultert der Bund mit bis zu stolzen 90 Prozent, Betriebsmittelfinanzierungen mit bis zu 50 Prozent. Je höher im Einzelfall der Anteil des Bundes ausfällt, umso weniger brauchen die Banken von ihrem Eigenkapital. Mit dieser Maßnahme stützt der Bund unsere Unternehmen und die Banken.

Jetzt kommen wir zum Knackpunkt. Kommen Sie generell an Förderkredite und das KfW Sonderprogramm ran oder wird Ihnen der Zugang verwehrt? Letzteres ist ein Vorwurf, der oft von Unternehmen vorgebracht wird.

Dazu kann ich Folgendes sagen: Für die meisten Banken ist das Geschäft mit Förderkrediten interessant, da damit eine Reihe von Vorteilen auch für die Kreditinstitute verbunden sind. Es gibt aber in der Tat auch Banken, die besonders viele niedrig verzinste Geldanlagen von Kunden haben. Sie schwimmen in billigem Geld. Solche Banken reichen natürlich lieber eigene Kredite aus, weil sie damit mehr als an Förderkrediten verdienen können. Schließlich gibt es Banken, denen vor allem bei kleineren Förderkrediten der administrative Aufwand zu groß ist. Diese wimmeln kleinere Förderkreditanträge ab. Manche Institute schließen ganze Kundensegmente davon aus. Beispielsweise Geschäftskunden oder Existenzgründer.

Fazit für Sie

Sie sollten sich selbst im Vorfeld über Förderkredite schlau machen. Es gibt dazu jede Menge Broschüren und viele Fundstellen im Internet. Helfen können Ihnen auch die Industrie- und Handelskammern, die Beratungsstellen der Förderbanken, Branchenverbände, aber auch auf Förderberatung spezialisierte Gesellschaften, die meist gegen Erfolgshonorar ihre Unterstützung anbieten.

Erkundigen Sie sich, ob Ihre Bank spezielle Fördermittelberater hat. Das sind Spezialisten, die ein Eigeninteresse an einem erfolgreichen Verkauf von Förderkrediten haben. Von diesen Kollegen, die mit den Kundenbetreuern kooperieren, dürfen Sie gute Beratung erwarten.

Wenn Sie den Eindruck haben, förderberechtigt zu sein und Ihre Bonität stimmt, bleiben Sie bei der Hausbank mit Nachdruck dran. Will man Ihnen stattdessen eigene Kredite anbieten, sollten die mindestens genauso günstig wie die Förderkredite sein. Sind Sie in einem unteren Kundensegment Ihrer Bank, zum Beispiel als Existenzgründer, wird Ihnen womöglich der Zugang zu Förderkrediten verwehrt. Sie haben auch keinen Rechtsanspruch darauf. Dann müssen Sie Ihr Glück bei einem anderen Institut versuchen.

Ein verwehrter Zugang zu Förderkrediten kann aber auch am

Unternehmen selbst liegen. Wenn nämlich die Bonität nicht gut genug ist. Sie wird von der Hausbank, wie im sonst üblichen Verfahren, eigenverantwortlich geprüft.

Im Falle des KfW Sonderprogramms kann als weitere Hürde der Stichtag 1. Juli 2008 der Hinderungsgrund sein. War das Unternehmen zu dem Zeitpunkt schon angeschlagen, gibt es ebenfalls keinen Zugang zu diesem Förderkredit. War es aber gesund, kann ein Antrag dennoch scheitern, wenn das Unternehmen schon zu stark unter die Räder gekommen ist. Für Sanierungsfälle gibt es aus diesem Topf kein Geld. Dafür gibt es wieder eigene Bürgschafts- und Restrukturierungsprogramme.

Empfehlungen eines Insiders

Bei diesen Haken und Ösen der Förderkredite sind Sie womöglich dabei zu resignieren. Wenn Ihr Unternehmen am 01.07.2008 gesund war, möchte ich dennoch an Sie appellieren, nicht gleich die Flinte ins Korn zu werfen. Das Sonderprogramm der KfW ist es wert, in jedem Einzelfall geprüft zu werden. Es bringt Ihnen nicht den großen Zinsvorteil, aber durch die Risikoentlastung der Hausbanken wird Ihre Finanzierungsstruktur deutlich stabiler.

Megatrends – wissen Sie was kommt?

Ein Blick in die Zukunft lässt wenig attraktive Bedingungen für die Welt der Firmenkredite erwarten. Wie schon vor vielen Jahren die Existenzgründer und Kleinstunternehmen vom Radar der Banken verschwunden sind, so droht dem kleineren und mittleren Mittelstand jetzt ein ähnliches Schicksal. Fatalerweise fällt es zusammen mit den Spätfolgen der Finanzkrise, welche die Bankenwelt noch kräftig durcheinander wirbeln werden. Welche Megatrends sind zu erwarten? Aus meiner Sicht geht es um folgende Themen:

Banken im Umbruch gefährden Unternehmensfinanzierungen

Der Veränderungsprozess in der Bankbranche wird sich fortsetzen. Die regulatorischen Eingriffe der EU werden hart sein und jahrzehntealte Verkrustungen aufbrechen. Banken werden vollends vom Markt verschwinden, andere werden Geschäftsfelder oder Kundensegmente aufgeben. Es wird gravierende, schwer zu prognostizierende Strategiewechsel und auch vollkommen neue Geschäftsmodelle von Banken geben. Viele Institute werden nach massiven organisatorischen Veränderungen kaum wiederzuerkennen sein. Die Konsequenzen für Unternehmer werden nicht minder gravierend ausfallen. Ein Verlust der Hausbank und damit der eigenen Kredithistorie kann für ein Unternehmen existenzbedrohend sein, denn eine neue Hausbank will erst gefunden werden. Neue Geschäftsmodelle bei Banken gehen häufig mit einer geänderten Risikopolitik einher. Was tun, wenn dies eine gravierende Verschlechterung im Unternehmensrating bedeutet? Welche Handlungsoptionen bleiben, wenn das Kundensegment, dem man angehört, bei einer Auslandsbank landet? Insgesamt ein doch sehr in Moll gestimmtes Szenario.

Fazit für Sie

Die Veränderungen in der Bankbranche entwickeln sich für Unternehmer zu einem Risiko höchsten Ranges. Von daher sind Sie gut beraten, die Entwicklung, insbesondere bei jenen Kreditinstituten, mit denen Sie zusammenarbeiten, ständig im Auge zu behalten. Entwickeln Sie einen Schlachtplan, wie Sie neue Bankverbindungen aufbauen können. Wie verhalten Sie sich, wenn Ihnen plötzlich ein wesentlicher Kreditgeber ausfällt? Was gibt es für Handlungsoptionen bei einer Kreditklemme? Wenn möglich, bauen Sie Liquiditätspuffer auf und bereiten Sie Schubladenpläne für worst-case-Szenarien vor.

Das Firmenkundengeschäft wird neu definiert

Die Definition „Firmenkunde“ wird sich verändern. Die Messlatte, ab wann ein Unternehmen als Firmenkunde eingestuft wird, hängt von den Umsatzerlösen der Firma ab. Diese Messlatte verschiebt sich zusehends nach oben. Eine Größenordnung von 50 Millionen Euro Umsatzerlösen scheint sich bei vielen größeren Kreditinstituten herauszukristallisieren. Ab dieser Größenordnung spricht man vom so genannten kapitalmarktaffinen Bereich. Dies bedeutet, diese Unternehmen sind eines Tages für Kapitalmarktprodukte geeignet, was ihre Attraktivität für Banken deutlich erhöht. Je weiter sich eine Firma unter obiger Messlatte befindet, umso höher die Wahrscheinlichkeit, dass sie in einem weniger attraktiven Kundensegment der Bank landen wird. Diese Kundensegmente sind bei den Banken häufig im Ressort Privatkunden angesiedelt. Dort findet Massengeschäft statt, mit genormten Produkten, Abläufen sowie standardisierten Konditionsmodellen. Die effiziente Fließbandfertigung steht im Vordergrund.

Fazit für Sie

Je weiter Sie von der Umsatzgrößenordnung 50 Millionen Euro entfernt sind, umso höher ist Ihr Risiko, sich eines Tages in einem unteren Kundensegment der Bank wiederzufinden. Die Auswirkungen können da von Betreuerwechsel über eine veränderte Risikoeinschätzung bis hin zum eingeschränkten Produktzugang reichen. Von normierten Konditionsangeboten einmal ganz zu schweigen.

Machtzuwachs für elektronische Systeme

Die systemgesteuerte Welt ist bei Banken auf dem Vormarsch. Der mit unternehmerischen Handlungsfreiheiten ausgestattete Banker ist dagegen auf dem Rückzug. Der vermehrte Einsatz von elektronischen Systemen führt zu einer fortschreitenden Standardisierung der Abläufe. Gleichzeitig wird die Arbeitsteiligkeit erhöht. Dies bedeutet, ein Geschäftsvorfall wird in mehrere Teilvorgänge zerlegt und an unterschiedlichen Standorten im Bundesgebiet oder gar im Ausland erledigt. Bei manchen Instituten sind Teilvorgänge auch noch auf externe Firmen ausgelagert. Mit der Einführung solcher genormten Arbeitsprozesse kann man regelmäßig Personal reduzieren. Zumindest aber kann man damit weniger qualifizierte Mitarbeiter einsetzen und somit Personalkosten nach unten drücken.

Fazit für Sie

Die Bankfabrik hält immer mehr Einzug. Entscheidungen, selbst über Kredite, werden zunehmend von Systemen gefällt. Besonders betroffen sind davon die Kundensegmente, die eher dem Massengeschäft zuzuordnen sind. Das heißt, es geht vor allem um Geschäftskunden und kleine Firmenkunden. Der Insider spricht dann von einer Komfort-Level-Absenkung. Der betroffene Kundenkreis wird sich bei Rückfragen und Beschwerden schnell in einem Service- oder Callcenter wiederfinden. Dort kann man bei blecherner, aber umso beschwingterer Musik in der Warteschleife verharren.

Unternehmen werden gläsern

Vertrauliches wird immer mehr öffentlich. Nach dem gläsernen Bürger bekommen wir das gläserne Unternehmen. Auskunfteien und Schufa erhöhen permanent ihre Datenqualität, wozu die im Unternehmensregister publizierten Geschäftszahlen einen wesentlichen Beitrag leisten. Viele Vorgänge hinterlassen elektronische Fußabdrücke, von daher ist es ein Leichtes, in kürzester Zeit ein umfassendes Dossier über eine Firma aufzubauen.

Fazit für Sie

Das elektronische Erinnerungsvermögen reicht weit zurück. Ihr unternehmerisches Wirken hinterlässt eine Vielzahl von elektronischen Fußabdrücken. Behalten Sie das öffentliche Wissen über sich selbst im Auge. Nicht nur Ihr Zahlungsverhalten und Ihre veröffentlichte Bilanz wirken auf Ihre Kreditwürdigkeit. Es gibt viele weitere Mosaikbausteine, mit denen Sie öffentlich wahrgenommen werden. Ihre elektronischen Spuren wirken über viele Systeme und Verhaltensscorings auf Ihr Rating und damit Ihre Zinskosten ein.

Verhaltensscoring auf dem Vormarsch

Die Trefferquote der Scoring-Modelle wird immer besser. Tagtäglich werden die Systeme mit neuen Daten, insbesondere (Zahlungs-) Erfahrungen gespeist. Damit kann ein System permanent nachjustiert und noch leistungsfähiger gemacht werden. Durch den Kostendruck, der auf den Banken lastet, wird den Scoring-Systemen immer mehr Raum gegeben. Zunächst nur bei Privatpersonen im Einsatz, rollen sie jetzt auch das Kreditgeschäft mit Firmen von unten auf. Über die Selbstständigen und kleinen Gewerbetreibenden erreicht es zunächst die kleineren Firmenkunden und wandert dann in den Kundensegmenten nach oben. Ganz oder teilweise systemgestützte Kreditentscheidungen werden zusehends den Entscheider aus Fleisch und Blut entbehrlich machen.

Fazit für Sie

Ob und wie das Scoring auf Ihre Firma wirkt, wird nicht transparent für Sie. Scoring-Modelle entwickeln nur dann eine hohe Treffergenauigkeit, wenn die Wirkungsweise nicht offengelegt und damit das Kundenverhalten nicht beeinflusst wird. Manche Parameter wirken nur unter bestimmten Bedingungen oder befinden sich in wechselseitigen und zudem variablen Abhängigkeiten. Das ist eine Blackbox, dass heißt, Sie wissen nicht, welche Faktoren in welchem Umfang auf Ihr Scoring und damit auf Ihr Rating wirken.

Scoring können Sie beeinflussen, indem Sie sozusagen über Bande spielen. Beachten Sie also eine ordentliche Kontoführung, vermeiden Sie Kreditüberziehungen, zahlen Sie termingerecht Ihre Zins- und Tilgungsleistungen und achten Sie auf die Einhaltung von Lieferantenzielen. Führen Sie auch eine Qualitätssicherung der von Ihnen als Unternehmer persönlich und Ihrer Firma extern vorliegenden Daten durch. Das gilt unter anderem für Auskunfteien, Schufa, Unternehmensregister, soziale Netzwerke, Kreditversicherer, öffentliche Verzeichnisse usw. Bauen Sie eine positive Kredithistorie, also den Nachweis eines positiven Zahlungsverhaltens auf und aus. Big brother is watching you.

Wartungs- und Pflegehinweise für Kreditnehmer

Die sieben gefährlichsten Funktionsstörungen

Sie erschweren Ihren Zugang zu Kredit, gefährden Ihr Rating oder verschlechtern Ihre Zinskonditionen, wenn Sie

- Ihren Zahlungsverpflichtungen nicht pünktlich nachkommen (Schecks, Wechsel, Lastschriften),
- Ihr Konto oder Ihre Kreditlinien überziehen,
- Ihre Unternehmer- und Firmenweste nicht von Negativeinträgen der Auskunfteien (Schufa, Creditreform etc.) sauber halten,
- Ihre Kreditvertragsklauseln (Covenants), insbesondere die Gleichbehandlung, nicht beachten,
- unzutreffende (Wert-) Angaben machen und/oder den Umfang Ihrer persönlichen Haftung bei Dritten verschweigen,
- Unternehmenszahlen zu spät einreichen,
- negative Unternehmensentwicklungen verschweigen oder beschönigen.

Die zehn häufigsten Fehlermeldungen – eine Reparaturanleitung

Unternehmen und Banken sind gemeinsam auf einem äußerst ruppigen Gelände, sozusagen *off-road* unterwegs. Da kommt es immer mal wieder zu Defekten oder gar zu Sand im Getriebe.

Für die zehn häufigsten Fehlermeldungen habe ich einen Werkzeugkasten für Sie zusammengestellt. Es geht bei dieser Reparaturanleitungen um improvisierte Lösungen und nicht um die perfekte Reparatur. Bei einer Panne geht es ja auch zunächst darum, das Fahrzeug wieder zum Laufen zu bringen.

1. Defekt: Ärger mit der Transparenz-Anforderung der Bank
Mangelnde Transparenz wird immer negativ bewertet. Das kostet Ratingpunkte und damit Ihr Geld infolge höherer Zinsen. Bei kleineren Firmen häufig ein Kreditablehnungsgrund.

Lösung: Gas geben und kooperativen Kurs fahren; angezogene Handbremse bei der Informationspolitik behindert, hilft nicht weiter und bringt vom Kurs ab.

2. Defekt: Wechsel Ihres Kundenbetreuers
Womöglich nur durch einen der häufigen Strategiewechsel bei Banken verursacht. Ursache kann aber auch die Verschlechterung der Unternehmensbonität sein. Die Zuständigkeit kann dadurch in die

„Intensivabteilung“ der Bank verlagert worden sein. Strengere Gangart und verschärfte Kreditbedingungen liegen in der Luft.

Lösung: Bremsbereit sein, holpriges Gelände zu erwarten. Sofortige Diagnose erforderlich, ob Betreuerwechsel durch normale organisatorische Veränderung oder Ihre Bonität bedingt ist. Bei Diagnose Bonität fachmännische Unterstützung durch Berater zu empfehlen. Im gleichen Fahrstil weiterzufahren könnte unfallträchtig werden.

3. Defekt: Ihr Rating ist schlecht

Meist sind schlechte Bilanzzahlen, schwaches Reporting und dürftige Kommunikation ursächlich. Bei kleineren Firmen kann auch Verhaltensscoring negative Wirkung zeigen.

Lösung: Ihr Motor stottert. Ursachen vom Kundenbetreuer erklären lassen. An Besserung der Faktoren arbeiten. Gegebenenfalls fachmännische Hilfe (Berater) anfordern. Auch Sicherheiten können helfen. Um jedes Zehntel Ratingverbesserung kämpfen.

4. Defekt: Ihre Kreditzinsen sind zu hoch

Ihr Fahrzeug ist vermutlich nicht top in Schuss. Aufgrund Ihrer Bonität ist die Kalkulation in der Bank rot. Kaum Kompromissbereitschaft zu erwarten.

Lösung: Weiterfahren und höhere Energiepreise akzeptieren. Entscheidend ist, Sie bekommen Treibstoff, also Kredit. Die Mehrkosten, also höhere Zinsen, sind beim gegebenen Betriebszustand nicht zu vermeiden. Wenn möglich, Sicherheiten bieten, um sie günstiger zu machen.

5. Defekt: Ihre Sicherheiten sind zu wenig wert

Der Banken-TÜV schreibt es vor. Die Banken sehen Ihre Sicherheiten unter Notverwertungsaspekten.

Lösung: Energiesparend fahren. Banken haben intern vorgeschriebene Wertansätze für Sicherheiten. Da gibt es meist kein Verhandlungspotenzial.

6. Defekt: Ohne persönliche Bürgschaft kein Kredit

Die Bank vertritt die Meinung, Sie als Fahrer sollten an Bord bleiben und Verantwortung tragen.

Lösung: Entscheiden, ob Sie das Fahrzeug stehen lassen oder weiter fahren wollen. Im letzteren Fall Bürgschaft übernehmen. Auf Befristung und betragliche Begrenzung der Bürgschaft achten. Altersversorgung, Ersparnisse für die Ausbildung der Kinder etc. bleiben für eine Bürgschaft tabu. Mit der Bank entsprechend verhandeln.

7. Defekt: Sie haben den Gleichbehandlungsgrundsatz verletzt
Verstoß gegen Betriebsvorschriften. Sie haben eine kreditgebende Bank mit Sicherheiten, Informationen, Unterlagen etc. schlechter gestellt als andere kreditgebende Institute. Vorsicht. Sie riskieren einen Getriebeschaden.

Lösung: Schnellstmöglich nach einvernehmlichen Lösungen suchen. Gefährliches und komplexes Reparaturgebiet. Fachmännische Unterstützung anzuraten.

8. Defekt: Sie haben keine Hausbank
Wenn Sie kein sehr gängiges und leicht zu reparierendes Modell haben – Firma mit guter Bonität – befinden Sie sich unter verschärften Bedingungen auf großer Reise.

Lösung: Vertragswerkstätten sollten Sie haben. Versuchen Sie, aus den bestehenden Bankbeziehungen mindestens eine als Hausbank aufzubauen.

9. Defekt: Ihre Kreditlinie ist überzogen
Die Ratingsysteme der Banken, Auskunfteien und Scoringsysteme reagieren heftig. Drehzahlmesser im roten Bereich, drohender Motorschaden.

Lösung: Überziehungen, geplatzte Schecks und Lastschriftrückgaben unbedingt vermeiden. Selbst eine permanent an der Obergrenze ausgeschöpfte Kreditlinie hat negative Wirkung auf Ihre Kreditwürdigkeit, also Ihr Rating und Ihre Konditionen. Deshalb Konten immer lebendig führen, intensive Umsätze tätigen und nie dauerhaft an der Obergrenze der Kreditlinie bewegen.

10. Defekt: Ihr Kredit ist gekündigt worden.
Ihr Motor brennt. Das Schreckgespenst Totalverlust / Insolvenz steht im Raum.

Lösung: Holen Sie ohne weiteres Zögern fachliche Hilfe. Ohne Beratungsunterstützung von Wirtschaftsprüfern, Steuerberatern, Rechtsanwälten oder Unternehmensberatern, eventuell auch Insolvenzverwaltern, kann sich der Brand ausweiten. Zunächst klären, ob es sich um eine ungerechtfertigte Kündigung handelt. Womöglich ist sie auch als Nadelstich zu verstehen. Als Maßnahme, Sie zu Wohlverhalten zu zwingen. Ist es aber ein unmissverständliches Zeichen für eine echte Bedrohung der Unternehmensexistenz, besteht akuter Handlungsbedarf. Kritsch abwägen, ob Sie alles mobilisieren wollen. Das heißt, Einsatz der letzten Reserven oder lieber die Reißleine ziehen. Die schwierigste unternehmerische Entscheidung. Warten Sie nicht zu lange, das verzehrt unnötig weiteres Vermögen und greift wahrscheinlich auch Ihre private Substanz an. Lassen Sie sich unbedingt helfen! Sie befinden sich ein einer extremen Stresssituation.

Anhang: Übersetzungshilfe für Bankverhandlungen

Begriff	Banker-deutsch	Unternehmer-deutsch
AAA	Triple A / Bonitätsmerkmal	spitzenmäßige Bonität
Analyst	Kreditentscheider	Kreditsachbearbeiter
Auskunfteien	Datensammler (Schufa, creditreform etc.)	forschen die wirtschaftlichen Verhältnisse von Personen und Unternehmen aus
BaFin	Bundesanstalt für Finanzdienst- leistungsaufsicht	Banken - TÜV
Basel II	Regelwerk für Banken	höhere Transparenzanforderungen an Unternehmen
best case	optimistische Variante	wird bei Kreditverhandlungen nicht in Betracht gezogen
big brother	Informationsbroker	Datensammler wie Auskunfteien, Scoring, Unternehmensregister
bullish	pro sein, dafür sein, gut finden	heiß auf Geschäft
business case	geschäftliche Annahmen / Szenarien	wie wird es laufen, was kann schief gehen
cap (Zinscap)	Derivat gegen steigende Zinsen	gute Sache bevor Zinsen steigen; Versicherungsschutz
Club Deal	Konsortialvertrag	ein Kreditvertrag gültig für mehrere Banken
collateral	Sicherheiten	machen Kreditzusagen leichter
Corporate Banking	Firmenkundengeschäft	Kundengeschäfte mit Unternehmen
Covenant	Kreditklausel / Auflage	Vorsicht! Verstoß kann Geld kosten
Credit Officer	Kreditanalyst	Entscheider / Kreditsachbearbeiter

Begriff	Banker-deutsch	Unternehmer-deutsch
cross selling	Mehrfachproduktnutzung	Verkauf von mehreren (Bank-) Produkten an gleichen (Bank-) Kunden
cross selling Faktor	Anzahl der Produkte pro Kunde	Faktor 3 bedeutet, der gleiche Kunde nutzt 3 Produkte einer Bank
deal	Vertragsabschluss	Produktverkauf, Geschäft
Derivat	innovatives Produkt, z.B. für Währungen, Zinsen, Rohstoffe	dient eigentlich der Risikoabschirmung; häufig Feld für Spekulanten, kompliziert, meist teuer
downsizing	herunterfahren von Firmenaktivitäten	meistens mit Personalabbau verbunden
EBITDA	Earnings Before Interest, Taxes, Depreciation and Amortization	Betriebsergebnis vor Zinsen, Steuern, Abschreibungen und Abschreibungen auf immaterielle Vermögenswerte
fee	Gebühren	(Bearbeitungs-) Provision
flat	alles inklusive	Pauschalgebühr
FMSA	Bundesanstalt für Finanzmarktstabilisierung	Soffin - Chef
fresh money	neue Kredite	finanzielle (Kredit-) Hilfe um aus Krise herauszukommen
Geldmarkt	Markt für kurzfristige Kredite/Anlagen	Gegenteil zum Kapitalmarkt
investment grade	gute Risiken (mindestens BBB)	Risiko trotzdem prüfen
Kapitalmarkt	Markt für langfristige Kredite/Anlagen	Gegenteil zum Geldmarkt
Konditionen	Zinsen und Gebühren	Preis für Geld
Kontokorrent	Kredit in laufender Rechnung	Kredit flexibel nutzbar
Kundensegmentierung	Kundenkategorien	Schubladen für die Bedeutung von Kunden
KWG	Kreditwesengesetz	rechtliche Grundlagen für Kreditgeschäft von Banken

Begriff	Banker-deutsch	Unternehmer-deutsch
margin grid	Konditionsgitter	Höhe der Zinsen wird an Bonität gekoppelt
Markt	Abteilung für Vertrieb	Privat-, Geschäfts-, Firmenkundenbetreuer
Marktfolge	Abteilung für Kreditrisiken	Kreditabteilung
merger of equals	Fusion ebenwürdiger Unternehmen	Bsp: HypoVereinsbank - UniCredit
most realistic case	sehr wahrscheinliche Variante	bei Kreditverhandlungen anstreben
non-investment grade	schwache Risiken	schwache, spekulative Risiken
Overdraft	Konto- / Kreditlinienüberziehung	unbedingt vermeiden
Performance	Leistung	Vertriebserfolg eines Kundenbetreuers
pitchen	Angebot abgeben	versuchen, Auftrag zu bekommen
Private Wealth	vermögende Kunden	meist ab eine Million Euro netto
Rating	Bonitätsbeurteilung	Benotung wie gut / schlecht ist die Firma
redimensionieren	neues Korsett für geschäftliche Aktivitäten festlegen	alles kleiner / kostengünstiger machen
Reporting	Berichtswesen	regelmäßige Informationen/ Berichte an die Bank weiterleiten
Restrukturierung	neues Geschäftsmodell zur Sanierung	Firma zur Existenzsicherung neu (um-) strukturieren
Retail Banking	Privatkundengeschäft	Massengeschäft
Risk Management	Marktfolge	Kreditabteilung
Risikoappetit	Bedarf an Vergabe von Krediten	wie hoch ist das Bankinteresse an neuen Krediten
Sanktionen	(harte) Handlungsoptionen	Folterwerkzeuge der Banken

Begriff	Banker-deutsch	Unternehmer-deutsch
Schufa	Auskunftei für Privatpersonen	hat Geheimdossiers über Sie; seit 1.4.10 dürfen Sie jährlich kostenfrei reinschauen
Scoring	Klassifizieren von Zahlungsverhalten von Privatleuten und Unternehmen	Wahrscheinlichkeit der Kreditrückzahlung
Soffin	Sonderfonds / Finanzmarktstabilisierung	finanzieller Rettungsring der Bundesregierung für deutsche Banken
Strategie	Planung zu geschäftlichen Zielsetzungen	kann sich abrupt ändern
swap	Tausch von Zahlungsströmen (Derivate)	gut bei Absicherung; vorsicht bei Spekulation
synthetic sale	Verkauf von Kreditrisiken	"keine" Wirkung auf Kreditkunden
true sale	Verkauf von Krediten	Vorsicht! Neue Bank am Ruder
turnaround	Wende zum Besseren	Unternehmen/Kunde ist auf dem Weg der Besserung
Underperformer	Mitarbeiter mit mangelnder Leistung	der Mitarbeiter ist nicht mehr lange an Bord
Unternehmensregister	zentrale Datei aller veröffentlichungspflichtiger Bilanzen	Schufa für Unternehmen
wallet size	Ertragspotential eines Kunden	wieviel ist beim Kunden zu holen
Zweckerklärung	Bestandteil von Sicherheitenvereinbarungen	Sicherheit wird für bestimmten Zweck vereinbart (Achtung, Stolperfalle!)

Stichwortverzeichnis

Wolfgang Steinmeyer

Karikaturen - Zeichnungen

Selbstständiger Maler und Zeichner. Seit den 1980er Jahren zahlreiche Ausstellungen u.a. in Bamberg, München, Günzburg, Friedrichshafen, bei der Schubertiade 2000 in Feldkirch und Schwarzenberg (Österreich) und natürlich im Allgäu.

Illustrationen für Spiele (z.B. „Entenrallye“, „Favoriten“ – auf der Auswahlliste zum Spiel des Jahres), Musikbücher (u.a. „Musenküsse für Musikusse“ und „Weltrekorde im Klavierspielen“), Gedichte von Siegfried Steiger (Experimentelles Theater, Günzburg) sowie Arbeiten für internationale Werbeaufträge.

Bankgespräche optimal gestalten

Sie und Ihre Bank – so arbeiten Sie erfolgreich zusammen und vermeiden Stolperfallen. In diesem Buch führt Sie ein Insider durch die Verhandlungen mit Ihrem Kreditinstitut und zeigt Ihnen, was Sie beachten sollten, wenn Sie auf Kredite angewiesen sind. Lesen Sie, wie Banker ticken, wie Sie bei einer neuen Bankverbindung strategisch vorgehen und wer über Ihren Kreditwunsch wirklich entscheidet.

→ Kreditwürdigkeit Ihrer Firma: Was wirklich wichtig ist.

→ Bankverhandlungen: Sicherheiten geben, Vertrauen schaffen.

→ Geheimnisvolle Datensammler: Wie gläsern Sie und Ihr Unternehmen sind.

Ernst Burger ist Diplom-Betriebswirt, Bankdirektor und langjährig erfahrener Mittelstandsexperte.

9 783648 004166

€ 29,80 [D]
ISBN 978-3-648-00416-6
Bestell-Nr. 02068-0001
www.haufe.de

HAUFE.